青木仁志 著
朝日夜 作画
星野卓也 シナリオ

マンガでわかる！

一生折れない自信のつくり方

ACHIEVEMENT PUBLISHING

目次

おもな登場人物――6

プロローグ
自信は誰でもつくることができる
人はいつでもどこからでもよくなれる――20

第1章
自信とは思い込み!?
自信の正体――42
自信がある人の共通点とは？――44
なぜマイナスの思い込みをしてしまうのか――46
目先の快適感情に負けない――48
「できる自分」をつくる方法――50

第2章

ゴールを明確にする

鳥かご理論　72
5つの分野で目標を設定する　76
3日、3週間、3ヵ月タームで目標達成を考える　82

第3章

小さな成功体験を積み上げる

自己イメージの中核にある自己愛　106
思いやりを示す7つの習慣・7つの致命的習慣　109
他人と比べない　112
目的に対して誠実に生きる　114
達成の数で自信は決まる　117
小さな目標からはじめる　120
自分の居場所を見つけよう　123

第4章

自信形成を習慣にする

人生の方程式――146
1日だけの自信を保つ――148
・会社に対する自信――149
・職業に対する自信――154
・商品に対する自信――156
・自分に対する自信――158
成功者に学ぶ――161
すべてが「自分が源」――163

エピローグ

自立した人生を送るために

あきらめない人生に終わりはない――176
あなたの考え方はあなたが選んでいる――181

プロローグ

自信は誰でもつくることができる

新規開拓営業課に配置転換された拓矢。仕事は失敗続き、彼女とも疎遠になったのを機に一人暮らしをはじめる。そこで近所に住んでいるという不思議な少女くるみと出会う。

おもな登場人物

黒田《くろだ》 拓矢《たくや》(26)

本編の主人公。根はやさしいが少し頼りない小さな広告代理店に勤める営業マン。新規開拓営業を任されたものの仕事がうまくいかず、ますます自信を失っている。

くるみ(10)

一人暮らしをはじめた拓也の前に突如現れた10歳の少女。やけに大人びたものの言い方をする。好物は牛乳と魚。

黒田《くろだ》 健一《けんいち》(55)

物静かで厳格な拓矢の父親。普段は見せないが家族思いの一面も。

黒田《くろだ》 洋子《ようこ》(53)

笑顔が絶えない拓矢の母親。いつも温かく家族を見守っている。

高柳《たかやなぎ》 香織《かおり》(26)

大学時代に拓矢と同じ広告研究会に所属し、交際している恋人。気遣いのできるしっかり者。

川村《かわむら》 勉《つとむ》(46)

スマイル広告社の営業部を仕切る拓矢の上司。熱血漢ゆえの暑苦しさがたまに傷。

上村《うえむら》 綾花《あやか》(23)

スマイル広告社の営業事務。気配り上手で、人知れず拓矢を心配する心やさしい後輩。

竹内《たけうち》 剛《たける》(30)

スマイル広告社営業部のエース。プライドが高く不器用だが、会社や仲間への思いは人一倍強い。

自信なんて――
パァ
ごくっ…
俺にももてるのだろうか？
拓矢〜‼ 早く起きてらっしゃい！
わかってるって！
おはよー
ねむ…
黒田《くろだ》 拓矢《たくや》(26)
母 黒田《くろだ》 洋子《ようこ》(53)
おはよう
拓矢… 仕事はどうなんだ？
父 黒田《くろだ》 健一《けんいち》(55)

あいかわらず楽勝ですよ
ルート営業なんてもんは
相手のご機嫌うかがっていれば
それで勤まっちゃうの
ペラ
ペラ
ペラ
ペラ
よゆう
よゆう♪
…まぁ
やりがいをもっていればそれでいいんだが…
公務員様のお仕事とは違いますよ！
ほら！
朝からもめてないで！
おっと
そうだな
ち～ん
行ってまいります
めんどくさいな…

いってらっしゃーい
拓矢
しっかりやれよ
はいはい
親父は市役所に勤める
いわゆる真面目な公務員で…
一方の俺は――
1浪して入った2流半の大学を卒業して…
今の会社になんとか引っかかり3年になる―
ピロン
香織
拓矢くん おはよう♡ 今日もいい天気
おはよー 今から出勤!!
今日も頑張ろうね♡
香織も頑張ってなー!! じゃ!! 今日も営業まわってきますわ!! また連絡する。
はーい!!
学生時代は恋人の香織と
華やかな仕事に憧れていたものの…
プルルルル

ガタン
結局彼女は
食品会社の広報とは名ばかりの雑用係で…
ゴトン
俺は小さな広告代理店のルート営業
しかも仕事はぬるい
ガタン
ゾロ
ゾロ
でも人生ってそんなもんだ
そんな日々が――
続くと思っていた――
おはようございまーす
黒田先輩
出社したら部長のところにって
ん?
辞令

配置転換辞令
黒田　拓矢を
十月一日付けで
新規開拓
営業課への
勤務を命ずる
し…
新規営業開拓〜〜〜〜〜!?
黒田君は3年目だし
この仕事にも充分慣れただろう？
…まぁ
えぇ…
川村《かわむら》部長(46)
世はネット広告時代‼
わが社もデジタルの仕事を開拓するために
若い営業マンが適材だと…
うぉおお
話が早い！

さぁさ！
やり方は任せるから自由に営業してみてくれ！
ハァ
君ならできる！
…
タッ
タッ
タッ…
全然相手にしてもらえません!!
無理です!!
バン
ガタ
ガタ
わかる わかる
じゃあこうしよう

3ヵ月以内に新規20件とってこい
できれば来期から主任になれるよう社長に言ってやる
リミットが必要だよなー
できなかったら…
できなかったら…?
まぁそれは社長に判断してもらおう…
ニィ…
ゴーン
どうなるんだよ!!
なんとしても…
ゴクッ…
新規20件とらなくちゃ!!
香織
おつかれさん♡ 最近いそがしい?
次の土曜日の約束覚えてる?
ごめん。仕事で無理
友達とでも行ってきて。
それじゃ
ごめん。また明日
おやすみ♡
こっちはまだ
おか書店

だけど
1カ月
たっても
契約は1件も
できなかった
ただいま…
最近
遅いのねぇ
拓矢
仕事大変
なのか？
イラッ…
定時に帰れる
仕事とは
わけが
違うんだよ！

2週間後
ありがとうございました—
お世話になりました
他人にあたってしまうのが嫌で
はあ
つかれた…
一人暮らしをはじめた
香織
私だって働いてるのに時間つくろうとしてるんだよ。
何でそんなにカリカリしてるの?
香織の仕事とは違うんだよ。
別にカリカリなんてしてないし。
私たち…距離を置こう。
まだ
何も変わっていない
だけど
何か変えなくちゃいけないという想いは…
どこかでもっていた
フゥ…

ぷにっ
ぷにっ
!
…部長
ぷにっ
すいません
まだ1件も—
ぱち
くリ
だだだ
誰!?
うおおお
回覧板
私はくるみ
回覧板持ってきたの
ドア開いてたよ
くるみ(10)
ほら!
飲んだら早く帰れよ!!
はあい

それみんなおにいちゃんの仕事の書類？
…ああ
これはお客さんに提出する企画書…
…ってもわかんないか
大人は…
大人はいろいろあるんだよぉぉぉ
大変そう
ほんと…契約どころか話もまともに聞いてもらえず…
何がいけないのかなぁ…
簡単だよ
それはおにいちゃんに自信がないから
自信…

いやいや
お前に何がわかるんだよ
10歳のくるみでもわかるもん
あのなぁ…
10歳のガキに
自信がないって言われてる俺って…
…でも
?
言われてみれば…
不合格
ちゅー
う…
人生なんて
一度も思いどおりにいったことなんてない

自信なんて
あるわけないよ…
大丈夫!!
キラ
本当に自信なんて
キラ
俺にももてるのだろうか
キラッ

人はいつでもどこからでもよくなれる

自信のつくり方を知るために、本書を手に取られた皆さんは、「いまの自分を変えたい」と思っていることでしょう。
しかし「変わりたい！」と願いながら、実際に変わる人は全体の２割と言われています。

なぜ人は変わることが難しいのか？

多くの人が、無意識に自分の行動をパターン化しているからです。決まったリズムで生活したほうがラクなのです。
いまの状況から変わろうとすると苦痛感情を伴います。本書の主人公である拓矢が毎朝遅くに起きて、通勤電車の中ではスマホで時間を潰す。学生時代に夢見て、憧れていた広告業界で働きはじめたものの、当時の思いを忘れて、仕事に対する情熱もなく、会社から与えられた仕事を淡々とこなす……。毎日起こる出来事、しなければならないことに流されているうちに、漫然と同じような日々を過ごしてしまうのです。

「もっと努力が必要だと反省した」
「どうすればいいかはわかっている。でも変われない……」

多くの人がこの繰り返しで人生を終えていきます。変わる苦痛より変わらないことによる快適感情が味わえるからです。

趣味や遊びならよいかもしれません。しかし、仕事で同じことをすればどうでしょうか？

「ほんとうに自信をつけたい」

そう心の底から求めていれば、人は必ず変わることができます。人は自分の思いどおりの人間になれるのです。


変わりたいと思ったとき、あなた自身の力で変わる必要があります。

あなたをよくできるのはあなただけです。

誰のものでもない、あなただけのかけがえのない人生です。

自分の足で立ち上がり、歩き出しましょう。

誰でも自分の理想とする人生を送ることができます。

本書を開いているこの瞬間こそが、自信をつける一歩目です。

第1章

自信とは思い込み⁉

手探りで営業活動を続けるものの、一向に成果が出ない拓矢。ある日、会社帰りに立ち寄ったファミレスでくるみと再会。そこで自信についてレクチャーされる。

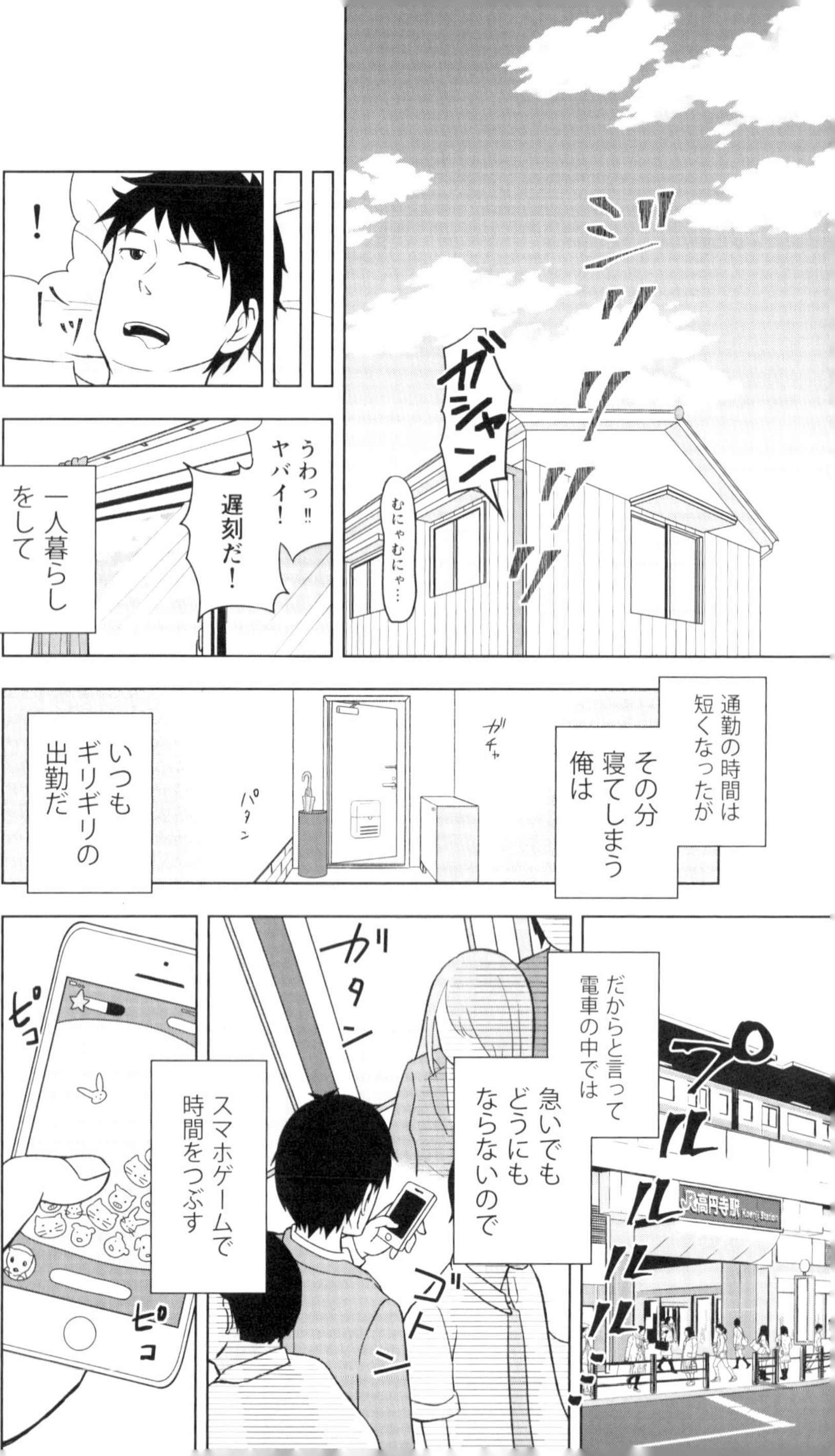
ジリリリリリリ
ガシャン
むにゃむにゃ…
!
ハッ
うわっ!! ヤバイ!
遅刻だ!
一人暮らしをして
通勤の時間は短くなったが
その分寝てしまう俺は
ガチャ
パタン
いつもギリギリの出勤だ
プルルルル
高円寺駅
Koenji Station
だからと言って電車の中では
急いでもどうにもならないので
ガタン
ゴトン
スマホゲームで時間をつぶす
ピコ
ピコ

スマイル広告社
氏名
行先
井藤
15:00 打ち合わせ
永澤
打ち合わせ
面会
氏名
星野
木村
平原
小倉
佐廣
黒田
営業外回り
とぼ
とぼ
お先に失礼します…
…お疲れさまです
高円寺駅
Cafeレストラン
ロスト
いらっしゃいませ
おひとり様ですか？
はい

ぷはっ
現実逃避と言われようが
ぐぅ～
飲まないとやってられません
ガヤ
ガヤ
お待たせいたしました
まぐろシラス丼になります
きたきた
いっただっきまー
くるみにもちょうだい
お…お前
おいしそう♡
いつのまに?!
ズルズル…
おにいちゃん今日の仕事はどうだった?
うまくいくわけないだろ
おれの…
ちょっとこれやってみてよ
何?
ピラッ

チェックシート?
自信がある人の共通点
□数々の突破体験・成功体験をしてきている
□自分が好き
□高い自己イメージを持っている
□自立している
□責任感が強い。当事者意識が強い
□何事もポジティブに考える。前向きな思考・解釈をする
□良い習慣を持っている
□目的・目標を持ち、毎日を一生懸命に生きている
□自分がコントロールできることに焦点を当て、物事に取り組んでいる
□「逆境は最大のチャンス」と思える
□良い知識・情報を吸収するように努めている
□人との出会いを求めている
□良い人との出会いや縁を引き寄せる力がある
□自分だけの居場所を持っている。誰にも負けない得意分野がある
□他者への感謝を忘れない
……
どうしたの?
いや…
何度見ても…チェックするところが…
ない
ひとつも!?
うん…

これは重症ね…
ハハハ…
でもこれでよくわかった
おにいちゃんには自信がない
では
まず自信とは何かを考えることにしよう
あ！
ドリンクバー追加しよう♪
おい。
?
ガヤ
ガヤ
コトン
ありが…

あれ…
こっち入ってない
いいの
これは何でしょう
コップでしょ
牛乳の入った
じゃあこれは?
…空のコップ
そうかなぁ
これは本当にコップですか?
カラン
…そうなると
ペン立てとも言えるな…
コップは何をするものですか?
…飲み物を入れるもの…
でもそれは
おにいちゃんが飲み物を入れるものって
解釈しているからだよね

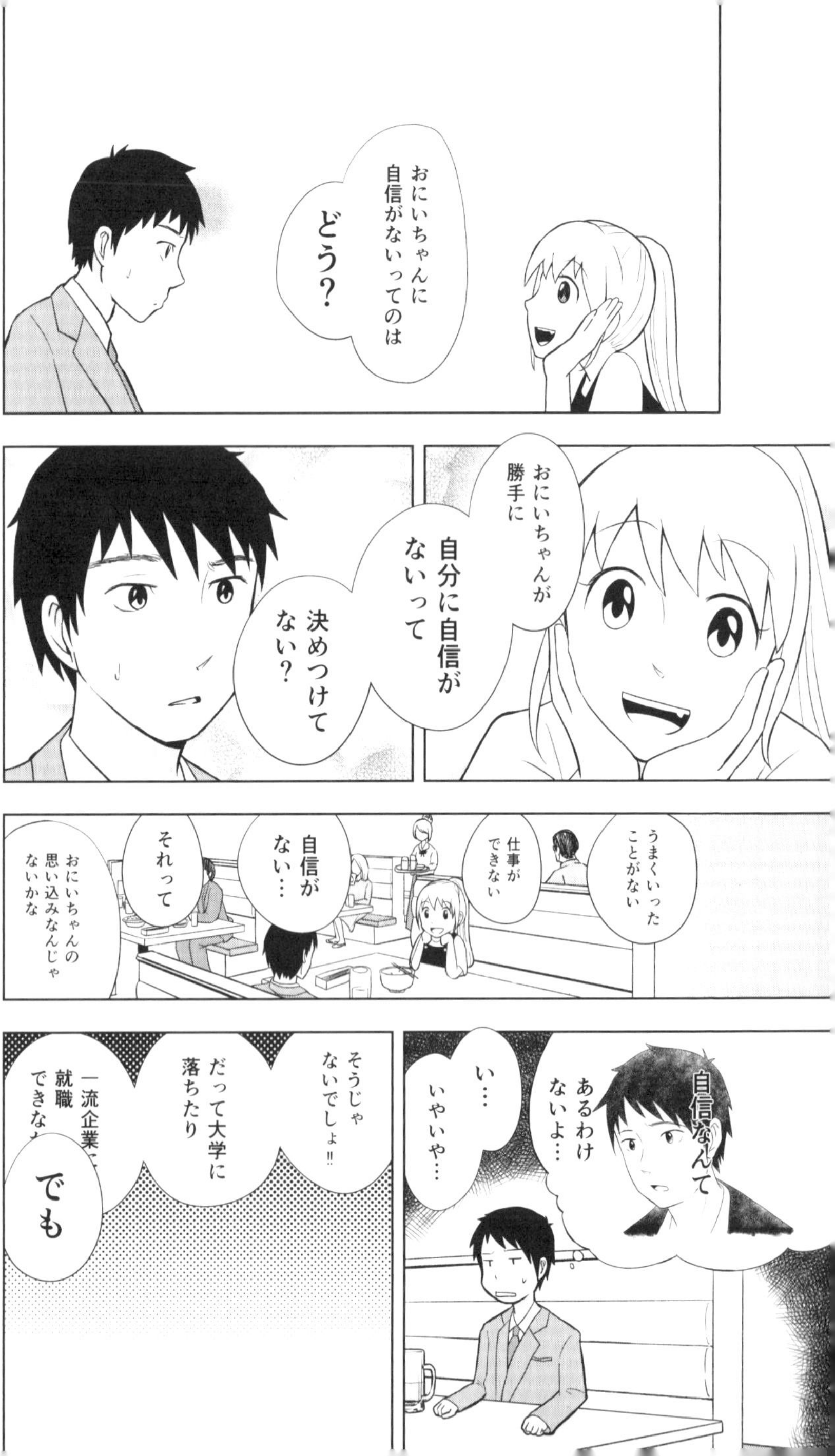
おにいちゃんに自信がないってのはどう？
おにいちゃんが勝手に
自分に自信がないって
決めつけてない？
うまくいったことがない
仕事ができない
自信がない…
それって
おにいちゃんの思い込みなんじゃないかな
自信なんて
あるわけないよ…
い…いやいや…
そうじゃないでしょ!!
だって大学に落ちたり
一流企業 就職 できな
でも

大学は浪人したら受かった
！
どうやって物事を解釈するかで変わると思うんだ
解釈ってお前
くるみはね
おにいちゃん何だってできると思うよ
くるみだけじゃなくて部長さんだって
できると思っているはずだよ
うーん…
君ならできる
そもそも…
おにいちゃん自分のこと嫌いでしょ
ヴ…
グサッ
あぁ嫌いだよ!!
だんっ
次生まれてくるときは
勉強できてイケメンで金持ちがいいね！
…まずは

自分を認めて好きになってあげないと
誰が…
こんな俺のこと…
そういうの
自己イメージが低いっていうの
おにいちゃんには
パパさんもママさんもいるし
おにいちゃんのことを好きになってくれた恋人もいる
みんなおにいちゃんを
認めてくれてる人だよね
…まぁ
おにいちゃんもちゃんと自分を認めて
自分はできる!!って解釈すればいいい!

自信なんてのは解釈であり…
思い込みだってことか
そのとおり
ありがとうございましたー!!!
とりあえず
今日くるみと話したことはちゃんと復習するんだよ
はいはい
あと!
今日から暗示をかけてみて!
暗示?
そう!
自分はできるって
思い込ませてみて!
自分は…できる…
あ…それから

仕事がやってられないからって
さっきのファミレスでビール飲んでたでしょ！
プハーッ
飲んだけど…
ああいうのはやめたほうがいいよ！
え？
今がツラいからって
それを忘れようとして楽しいことを求めると
悪い習慣になっちゃうから！
同じ「ビールを飲む」でも
考え方を変えてね
はいはい
じゃあまたね！
おう!!
201 黒田 拓矢
自信は
解釈によって変わる

俺は…できる
ボソッ
自分に暗示をかける
俺はできる
俺はできる
…か
俺はできる
契約がとれる
はたして
こんなことで…
本当にできるのか？
おはよー
おはようございます

スッ…
！
これ…
何だと思う？
…入れもの
！
コトン
水を飲むときはコップになるし
ペンを入れたらペン立てだし
うちのおじいちゃんは入れ歯ケースにしてるし…
君は柔軟だね
俺の頭がかたいのかな！
先輩…
なんか今日明るいですね
はい
そう？

じゃあ営業行ってきまーす!
先輩!!
?
今日の先輩なら契約できますよ
俺もできる気がする
いってらっしゃーい
とごしぎんざ
おはようございます
おはよう
おそば

パァアアア
こんにちは！
！
こんにちは
スマイル広告社の
黒田と申します!!
おそば
それ…
1枚いただいても
いいかしら？
！
私はよく
わからないけど
父ちゃんが出前から
帰ってきたら
見せておくよ
あ…
ありがとう
ございます！

ただいま戻りましたー
お疲れさまでーす
先輩!! どうでした?
いやぁ…
そんな簡単には好転しないもんだ
でも
先輩ならきっとできますよ
俺でもで
気がして
る
うおぉぉぉ
プルルルル
はい スマイル広告社です
はい
はい…
?
黒田ですか? 代わります
商店街のお蕎麦屋さん

はい！はい！
もちろんです！今からうかがいます！
失礼します！
案外事態は好転するかもですね
だといいな！
行ってくる!!
はじめて契約ができた
おそば
まだあと19件…

これまでなら
「これはまぐれだ
続くわけないと」
思っていた
かもしれない
今は違う
解釈を変えたんだ
これは
俺がこの手で
勝ち取った
確かな
1件なんだ
おそば
大丈夫!
俺はできる‼

自信の正体

自信がある。自信がない。

私たちは普段からよく口にしたり、耳にします。そもそも「自信」とはなんでしょう？ 文字どおり、自信が「自分を信じる力」であるならば、本人が自分の能力や可能性をどれだけ信用しているかで、自信のあるなしは決まります。つまり、**自信の正体とは、自分自身をどう見ているのかという解釈、思い込みなのです。**

「自分には自信がある」と思えば自信は存在し、逆に「ない」と思えばなくなります。くるみが拓矢に示したように、目の前にガラスの器があるというのは事実です。その器を水を飲むためのコップと捉えるか、ペンを入れてペン立てと捉えるかは解釈です。

これはあらゆる事柄に当てはまります。その人の解釈によってさまざまなことが限定されてしまうのです。

何かに対する恐れ、物事への否定的な解釈、ネガティブシンキング……。これらはどこからきているのか？

根っこには、その人の自分自身への信頼感があります。

マイナスの解釈に囚われると、恐れが生まれ、行動の抑止が起こり、新しいチャレンジができなくなります。

「自信をつけたい」と願うのであれば、まず日々の出来事を前向きに解釈しているのか振り返ってみてください。

「自分」という人間をどのように捉えるか、どのように解釈するかによって、自分の価値や評価、役割は違って見えてきます。

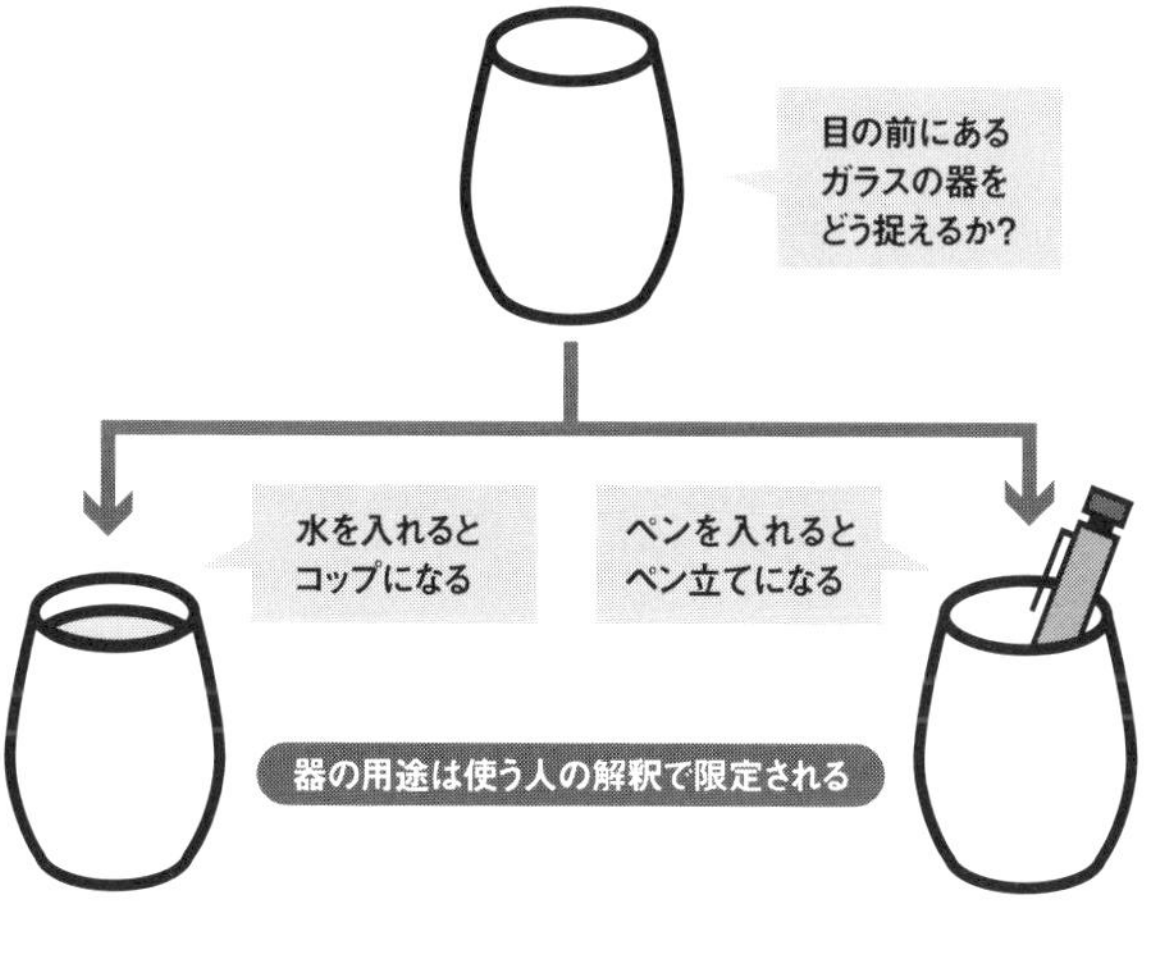
目の前にある
ガラスの器を
どう捉えるか?
水を入れると
コップになる
ペンを入れると
ペン立てになる
器の用途は使う人の解釈で限定される

自信がある人の共通点とは？

自信がある人は、物事に積極的に取り組むことができます。すると、結果がついてきて、ますます自信が強化されるのです。

「できる」という思い込みをもっている人たちには、共通している事柄が多く見られます。次ページの表を見ていくつ当てはまるか、チェックしてみてください。どのような人が自信に満ちた人生を送っているのか、イメージできると思います。

そして、本書の内容を実践したのちに、改めてこれらの項目をチェックしてみてください。自信がある人の特徴を自分のものにしていきましょう。

「できる」自分を描ける人の共通点

□Check!

☐ 数々の突破体験・成功体験をしてきている

☐ 自分が好き

☐ 高い自己イメージを持っている

☐ 自立している

☐ 責任感が強い。当事者意識が強い

☐ 何事もポジティブに考える。前向きな思考・解釈をする

☐ 良い習慣を持っている

☐ 目的・目標を持ち、毎日を一生懸命に生きている

☐ 自分がコントロールできることに焦点を当て、物事に取り組んでいる

☐ 「逆境は最大のチャンス」と思える

☐ 良い知識・情報を吸収するように努めている

☐ 人との出会いを求めている

☐ 良い人との出会いや縁を引き寄せる力がある

☐ 自分だけの居場所を持っている。誰にも負けない得意分野がある

☐ 他者への感謝を忘れない

いくつ当てはまりましたか?

なぜマイナスの思い込みをしてしまうのか

自信の正体が思い込みだと頭ではわかっていても、物事をプラスに解釈していくのは難しいものです。なぜなら、思い込みは「自己イメージ」に左右されているからです。

自己イメージとは、自分で自分をどのように見ているのかという「自分像」のことです。自己イメージが高い人ほど、自分のことを信頼できているとも言い換えられます。逆境に対しても積極的な心構えで乗り越えていけます。自信がある人です。

ところが、自己イメージが低いと、物事をはじめる前から「どうせ自分にはできそうもない……」と消極的になってしまったり、取り組んでいる最中に「やっぱり無理だ……」とすぐにあきらめてしまいます。マイナスの解釈が先立ってしまうのです。

成功体験の数によって、自己イメージは決まります。高い自己イメージをもつ人は、自分の力で何かを成し遂げたという経験をたくさんしています。深層心理で「自分はできる」

と思い込んでいます。

自信の有無を決めているのは、周りの人ではなくその人自身です。もし自信を育みたいと願うのであれば、自分で自分の思考をつくっていきましょう。

つねにプラスの情報に触れるように努めるのです。マイナスの思い込みをしてしまう人は、プラスの解釈ができる情報の質と量が少なかっただけです。

前向きな思考の人と付き合う、よい書物を読む、明るい話題のテレビ番組やニュースに触れる、元気が湧いてくる曲を聴いたり、映画を観る……。戦略的にプラスの情報を入れましょう。


思い込みは「自己イメージ」によって決められている!

成功・突破体験を重ねるほど
自信に満ち溢れ、
何事も積極的に取り組める

満足な突破体験がなかったり
プラスの情報量が少ないと、何も
しないうちからマイナスの解釈を
しがちになる

目先の快適感情に負けない

人は自己イメージに合った「生き方」「職業」「パートナー」「報酬」「仲間」などを無意識に選ぶ傾向があります。高い自己イメージをもっている人ほど、自分を高める方向へ。低い自己イメージをもっている人ほど自分の可能性を閉ざす方向へ進んでしまうことがあります。

めざすもの、目標を自分の力で達成する。行動したことで**「理想」と「現実」がピタリと一致すると、自己信頼感が高まります。**

ところが、人は苦痛感情を避けて今やりたいこと、今欲しいものに流されてしまいがちです。易きに流れる結果、いつまで経っても自信は形成されません。

一生折れない自信を手に入れたければ、長期的に物事を捉えて、積極的に苦痛感情を受け入れながら、理想とする人生をめざす覚悟と行動力が必要でしょう。

怠惰な生き方を続けていると、理想と現実のギャップはどんどん開き、自己信頼感も自信も低下していきます。目先の快適感情ばかりを追い求めている場合も同様です。

苦しい場面では、**苦痛感情を乗り越えた先にある達成感や充実感といった真の快適感情をめざして、達成を積み重ねること**です。

難しいことではありません。「毎日腹筋を50回やってみよう」と決めて、取り組む。それだけでも自己イメージは上がります。どうしても目先の快適感情に流されてしまったときは、英気を養うためのひと休みだと解釈して、また達成に向かっていきましょう。

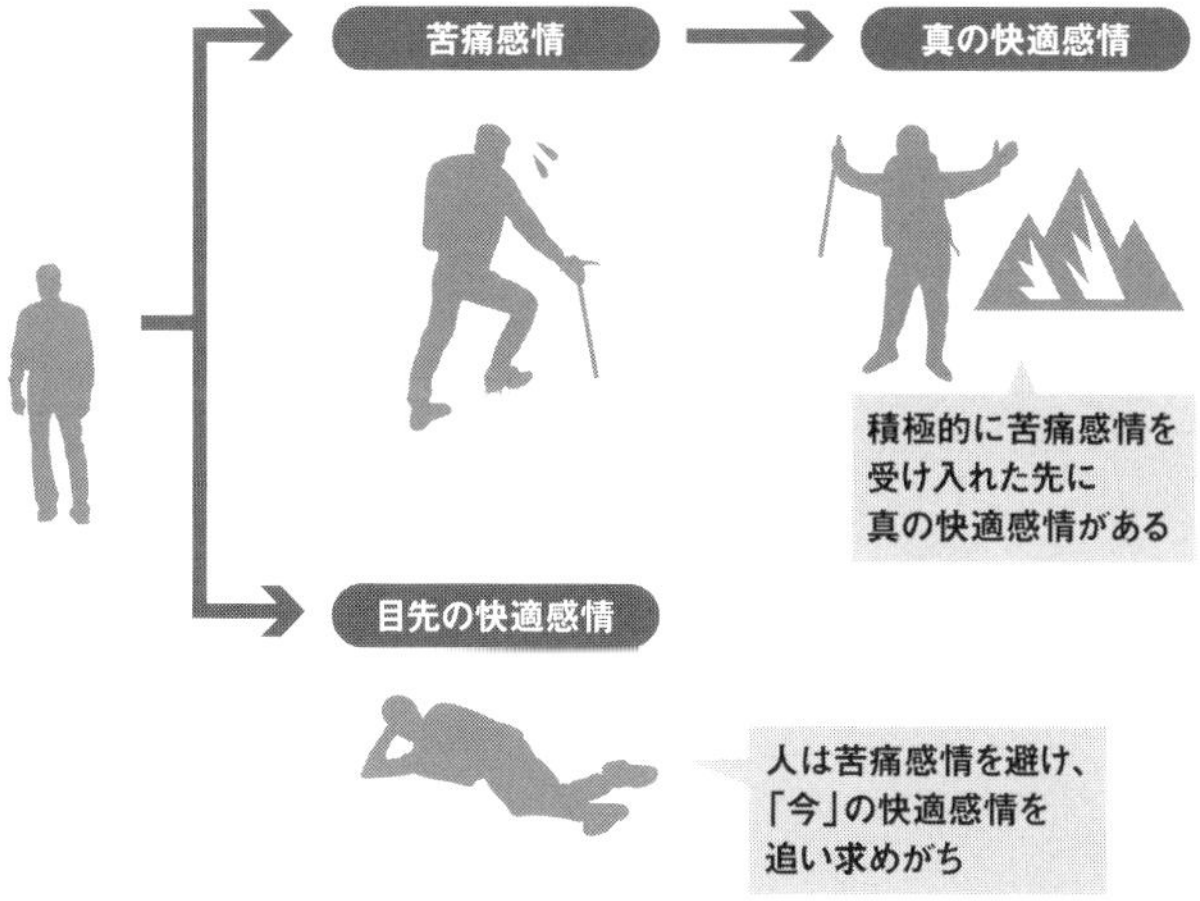

苦痛感情
真の快適感情
積極的に苦痛感情を
受け入れた先に
真の快適感情がある
目先の快適感情
人は苦痛感情を避け、
「今」の快適感情を
追い求めがち

「できる自分」をつくる方法

生まれながらに自信をもっている人なんていません。とくにいままで経験したことがないような困難や大きな壁が立ちはだかると、誰でも不安になります。

しかし「できる」と言えば、できるようになっていくものなのです。**できる自分をつくるためには暗示の力が有効です。**

はじめて営業職につく人なら、つねに「トップセールスはどのように振る舞うだろうか」と意識して、営業をする。

毎日鏡を見ながら自分にこう語りかけます。

「わたしはトップセールスである」
「わたしはトップセールスである」

「わたしはトップセールスである」

トップセールスになる前から、トップセールスになっている自分を想像しながら「できる」という暗示をかけ続けることで、トップセールスに見合った自己イメージをつくり出します。

すると、行動が積極的になり、理想と現実が一致することになります。まったくのゼロから暗示をかけて自分の力だけで達成した。これはいままで経験したことのない大きな成功体験になるはずです。

人が変われない理由は、無意識に自分の行動をパターン化してしまい、そこから抜け出

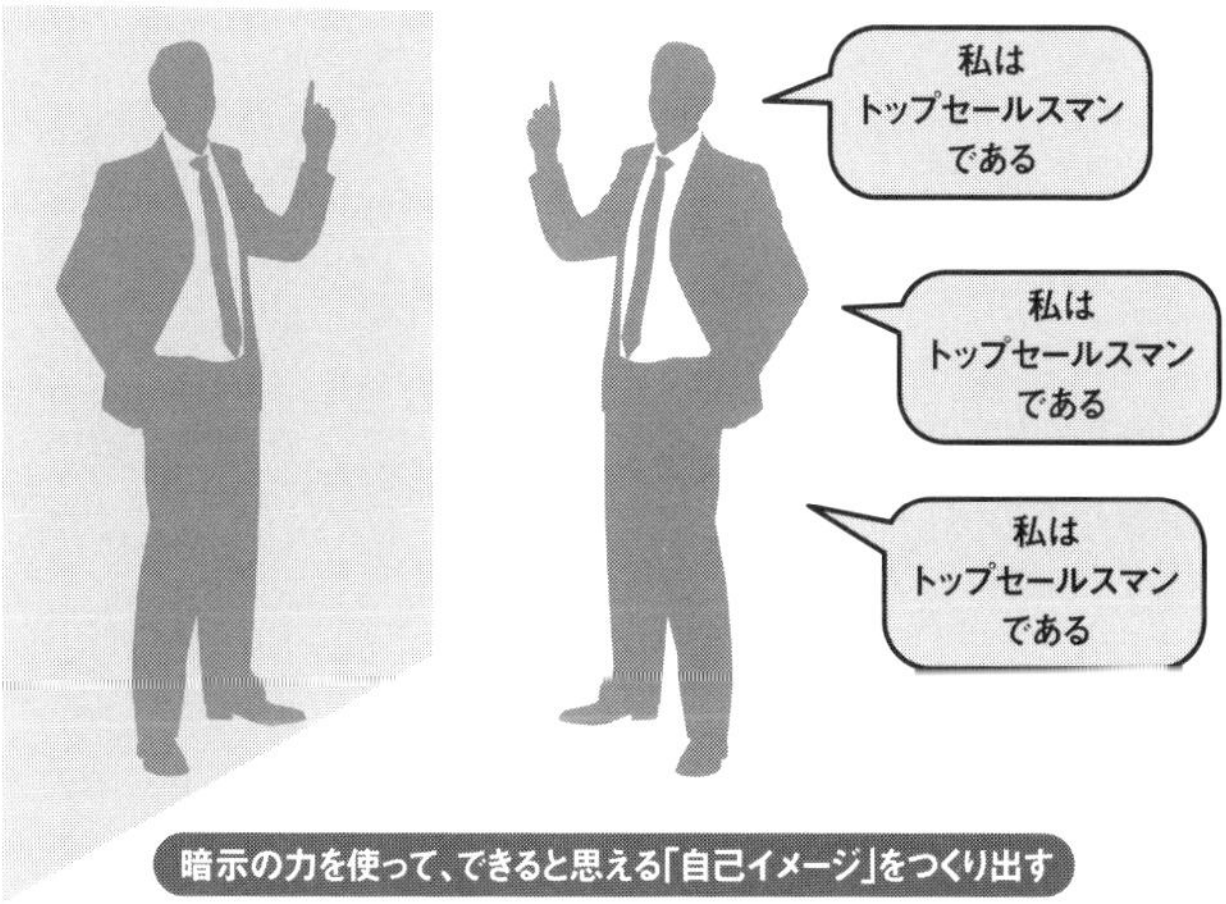

暗示の力を使って、できると思える「自己イメージ」をつくり出す

せないからだと述べました。

暗示は無意識に働きかけます。くるみのアドバイスを受けて、拓矢も半信半疑ながら、自分に「できる」という暗示をかけました。すると、その無意識への働きかけが、自然に自信のある表情や態度となって現れ、お客様にも伝わって、成約することができました。

自信とは思い込みです。「できる」という実感をもてれば行動につながります。そのためには暗示の力が有効です。

「できる。必ずよくなる」

言葉を自分自身に染み込ませていくうちに、不思議とほんとうに「できる」自分に変わっていく感じがします。そうしたら、一歩を踏み出しましょう。

第2章

ゴールを明確にする

休日を朝寝坊して過ごそうとする拓矢に、くるみは恋人・香織とデートの約束を勝手にセッティングしたと言う。自信がないと戸惑う拓矢はこのピンチをどう乗り切る!?

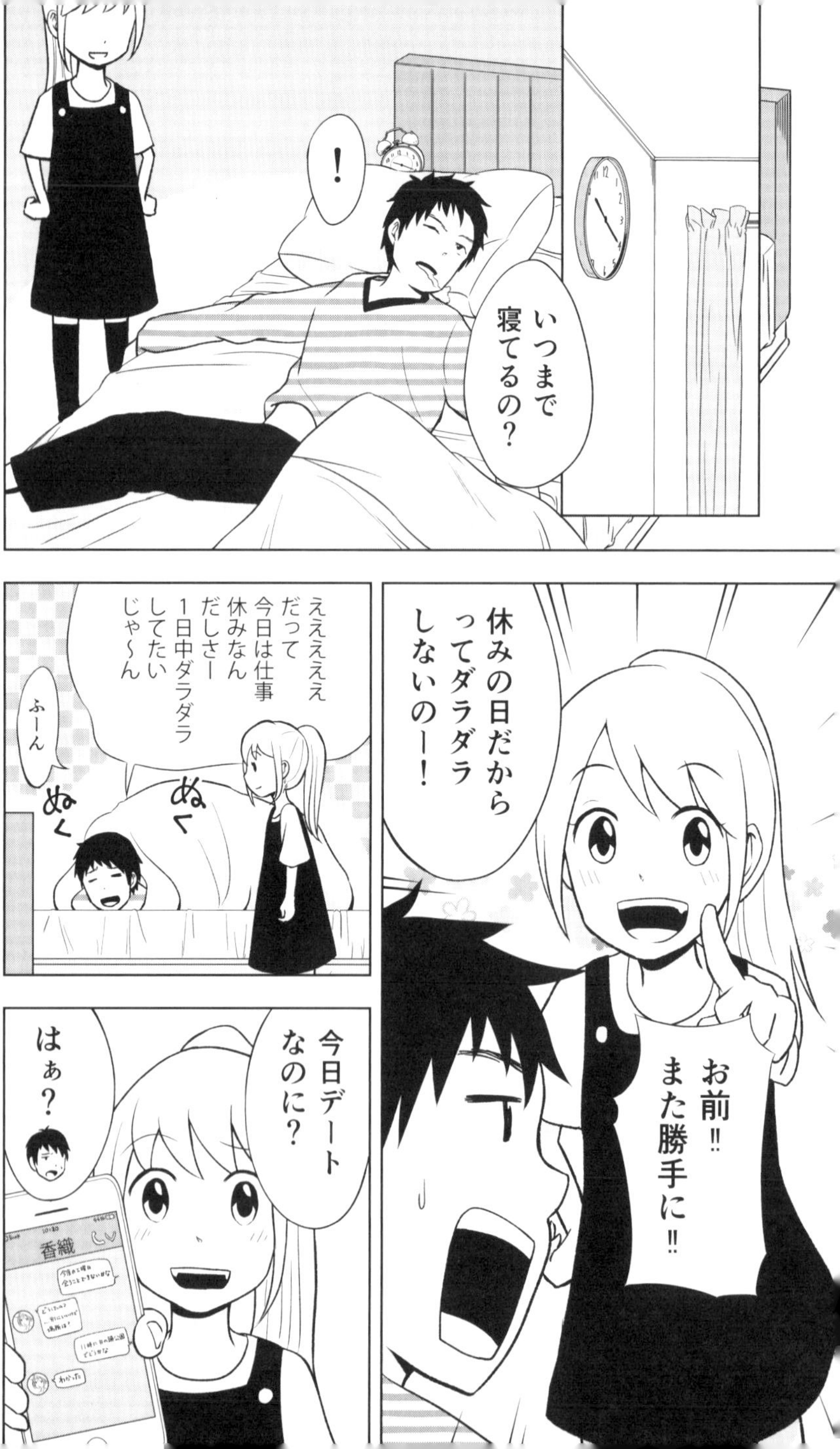
！
いつまで寝てるの？
休みの日だからってダラダラしないのー！
えええええだって今日は仕事休みなんだしさー1日中ダラダラしてたいじゃ～ん
ぬく
ぬく
ふーん
お前‼また勝手に‼
今日デートなのに？
はぁ？
香織

そんなわけぁ…
香織
今度の土曜日
会うことできないかな
どうしたの？
…別にいいけど
場所は？
11時に井の頭公
でどうかな
わかった
♪～
くるみ──!!
にゃはは
あのさぁ…
私たち…
距離を置こう
香織はもう俺のことなんて嫌いなんだよ
はぁ…
まだまだ自信のなさ全開だね
距離を置こうって言われてんのに何で会うんだよ
まだ好きだからって会ってくれるんじゃないかな
…

ふぅ!!
ハァ…
ハァ…
まにあっ…
久しぶり
今日はどういう風の吹きまわし?
え…えっと…
香織とは
まぁいいや はやく行こ
香織《かおり》(26)

学生時代から
付き合っていて
もう6年
になる
就職する
までは
比較的楽しく
過ごしていた
と思う
でも仕事を
はじめれば
それぞれの
限界も
自覚するし
日常には
たいした
ドラマもない
次第に休みの日は
グチの言い合いになり
俺たちは
そんなことに
疲れたのかも
しれない

ちゃぷん…
さっきからずっと黙ってる
……
会いたいって言ったのは拓矢なのに…
え…っと…
い…井之頭公園のボートに乗った恋人は…別れるって知ってる？
！
何が言いたいわけ⁉ 最低‼
帰る‼
よ…余計なことを言ってしまった…
つんつん

うわっ!! くるみ!?
しーっ
…くるみ？
くーるみんとガムが食べたいなぁ…
カキ
カキ…
誰…？
チラッ
かおりさんのこと まだ すきなんでしょう？
そりゃ…!!

キャッ
キャッ
私と拓矢にもあったね
大学生のころの…
何で一緒にいるのかなぁ…
私たち

チュン
チュン
あれ？香織さんは？
化粧直しに行った
チュン
チュン
おにいちゃん
？
おにいちゃんって鳥飼ったことあったっけ？
俺は猫以外飼ったことないけど!!
鳥かご理論って知ってる？
鳥かご？

まず鳥かごを買ってきます
そして「いつか鳥を飼うぞ!!」と毎日言い続けます
すると鳥かごを手にしたことで無意識のうちに「どうしたら鳥が飼えるのか」という
具体的な方法を考えるようになるの
おにいちゃんと香織さんも
まずは目的を決めて
それを実現するためには…って目標を考えると
この先が見えてくるんじゃないかな
目的と目標…
香織さんのこと
大事なんでしょ?

…うん
ワン
ワンッ
ワンッ
ワンッ
ギャ
犬‼
く‼
くるみ？
ワン
ワンッ
くるみ⁉
どうしたの？
香織‼
香織！
な…何？
俺たちの
目的を
一緒に
考えよう

目的
コッ
コッ
そもそも
香織はどうして広告研究会を選んだの？
私は――
広告って人に広めるってことじゃない？
だから世の中の…価値があるのに知られてないものを
もっと多くの人に伝えたいなって…
俺もそう思っていたけど
最近は忘れていたかもな
とくに社会人になってからはね
あの時みたいに
目的・目標をもって頑張り合える関係って理想だよな
何かお互いにプラスになることってないかな
う～ん…

私は拓矢に好きでいてもらうために
自分磨きを頑張るわ
具体的には？
運動不足で少し太ったから
毎朝30分早く起きてジョギングしようかな
あと週末は料理を作ってみようかな
目標…毎朝30分
週1で料
拓矢は？
うーん…
そうだなぁ…すぐにでもできそうなこと…
じゃあ俺は
毎朝7時に起きよう
あとは月に1回は香織と新しい発見ができる場所に行くことにしよう

目的…お互いに目的をもって
頑張り合える関係
目標　香織…毎朝30分ジョギング
週1料理の新メニュー
拓矢…毎朝7:00に起きる
月に1回香織と新しい
場所へ
整理すると
わかりやすいね
ちょっと
すっきりした
私ね
最近ずっと
もやもや
してたんだ
今日拓矢と
話せてよかった
俺も

よかったね～!!
カァ
どこまで見てたんだよ
目的と目標はわかったよね
GA MILK
目標を決めたら達成するための計画を立ててね
自信をつける大切なステップだよ
計画することが自信に？
日々の行動が目的・目標から逆算した計画に変わるの
なるほど
ゴールからの逆算
目標
長期行動計画
中期行動計画
短期行動計画
現在
とくに目的と目標は紙に書き出すと意識できるわ
それを達成するための1日の行動計画を考えてね
でね
その計画は
ぜ
ツ

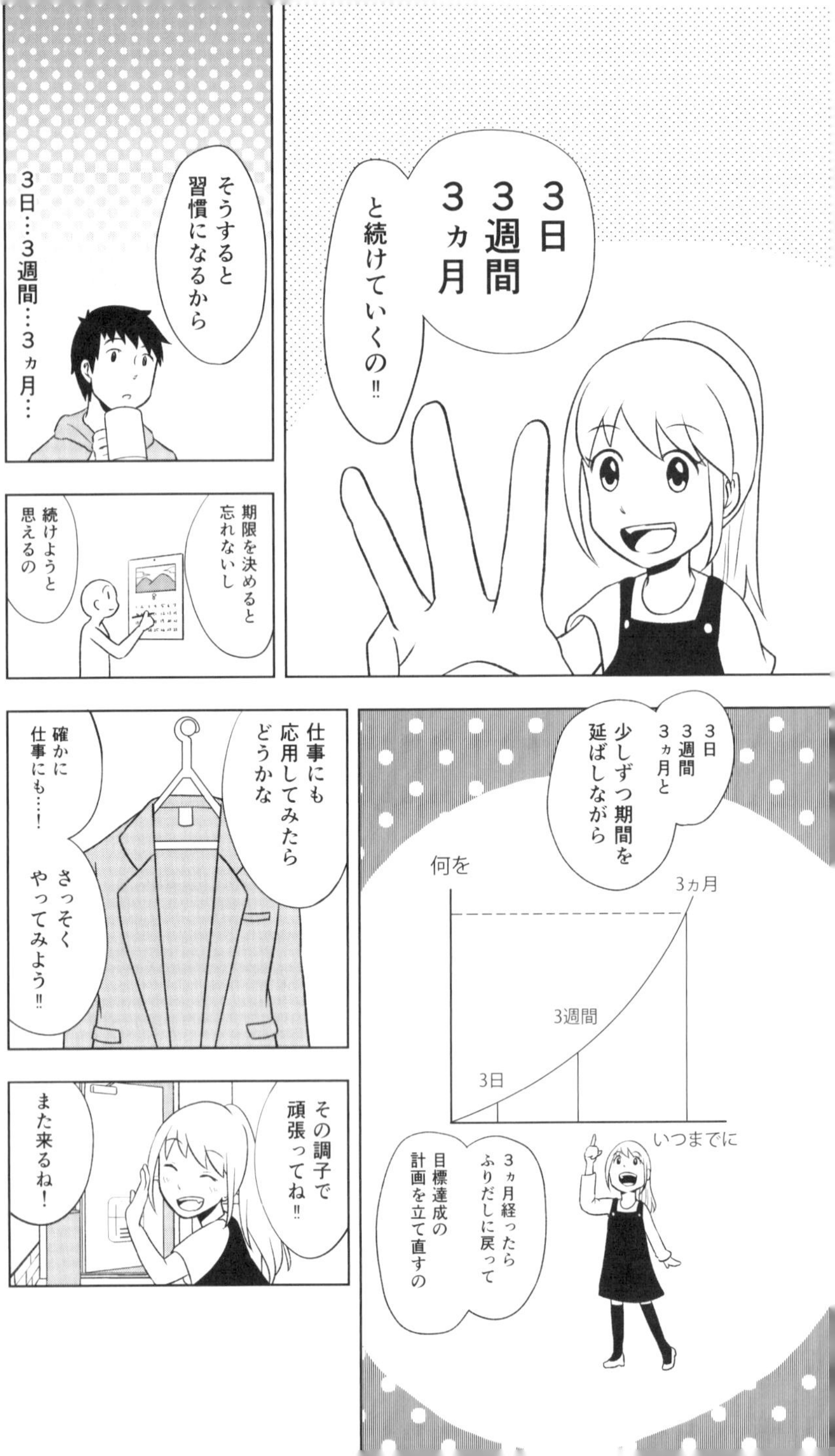
3日
3週間
3ヵ月
と続けていくの‼
そうすると習慣になるから
3日…3週間…3ヵ月…
期限を決めると忘れないいし
続けようと思えるの
3日
3週間
3ヵ月と
少しずつ期間を延ばしながら
何を
3ヵ月
3週間
3日
いつまでに
3ヵ月経ったらふりだしに戻って
目標達成の計画を立て直すの
仕事にも応用してみたらどうかな
確かに仕事にも…！
さっそくやってみよう‼
その調子で頑張ってね‼
また来るね！

広告って
人に広めるって
ことじゃない？
だから世の中の
価値があるのに
知られてないものを
もっと多くの
人に伝えたい
なって…
カリ
カリ
カリ
カチ
コチ
カチ
7:45
香織
香織おはよう!!
今日もお互い頑張ろう
拓矢おはよう♡
今日も頑張ろうね。
気をつけて出社してね!!

！
それ何ですか？
仕事の目的と目標をあらためて確認してみたんだ
いいですね それ！
達成計画を立てて
1日のタスクにしているんだよ
13:00 お礼状作成
18:00 川村部長に営業報告
18:30 経費精算 3件
私もマネしていいですか？
もちろん!!

3日が過ぎた
こんにちは
こんにちは
仕事も目的を意識したことで
伝えるべきことが見えてきた
このお店の良さをもっと多くの人に伝えたいんです!!
目的を設定して目標に落とし込む
わかったよ
そこから逆算した計画を実行していくことがくるみの言う通り
自信にもつながるのだとわかった

鳥かご理論

マイナスの思い込みが、行動を制限してしまう人は、「目的」を意識してみてください。目的に意識を集中させることによって、目の前の悩みやコンプレックスなどは気にならなくなります。

「自分の人生に何を求めているのか？」
「もっとも大切にしていることは何か？」
「何のために、誰のために、なぜ成功しなければならないのか？」

これらの質問は、人生の**「目的」**を考えるヒントになります。目的を設定したら、紙に書き出しましょう。そして目的を遂げるための戦略的な**「目標」**を考えるのです。目標を達成するためには、長期、中期、短期の**「計画」**が必要です。

山登りをするとき、登頂するためには、どのルートで、どのくらいの時間がかかるのか、何を準備していくのかを考えるように、人生の目的をゴールとしたときに、達成から逆算して日々の行動にまで落とし込むのです。すると、毎日の行動が目的実現に向けた一歩に変わります。

あなたが望むものを実現したければ、ゴールを先に設定しましょう。鳥を飼いたいと思ったら、先に鳥かごを購入してしまう。そして、毎日「鳥を飼うぞ！」と言い続けてみます。

すると、無意識のうちに「どうしたら鳥が飼えるだろう」と知恵を絞るようになります。自然と節制したり、ボーナスが出たときに貯金するようになったり、鳥を飼うという目的に向けて、行動が変わってくるのです。

自信がないと物事を否定的に捉えるようになって消極的になりま

す。無目的・無目標で具体的な行動計画もないため、思考が分散しがちになり、快適感情に流されやすくなります。苦痛感情を前にすると自己正当化をして乗り越えようとしなくなり、達成できず、さらに自己イメージが下がってしまいます。失敗のサイクルが確立してしまうのです。

願望が明確で目標を設定し、計画を立てれば行動も早くなります。計画によって成果が視覚化されるので、思うような結果に結びつかなくとも、何が効果的か、効果的ではなかったかを体験から学習し、成果を出すための最優先の行動が明確になります。行動が続くので、いずれ達成し自信がつきます。

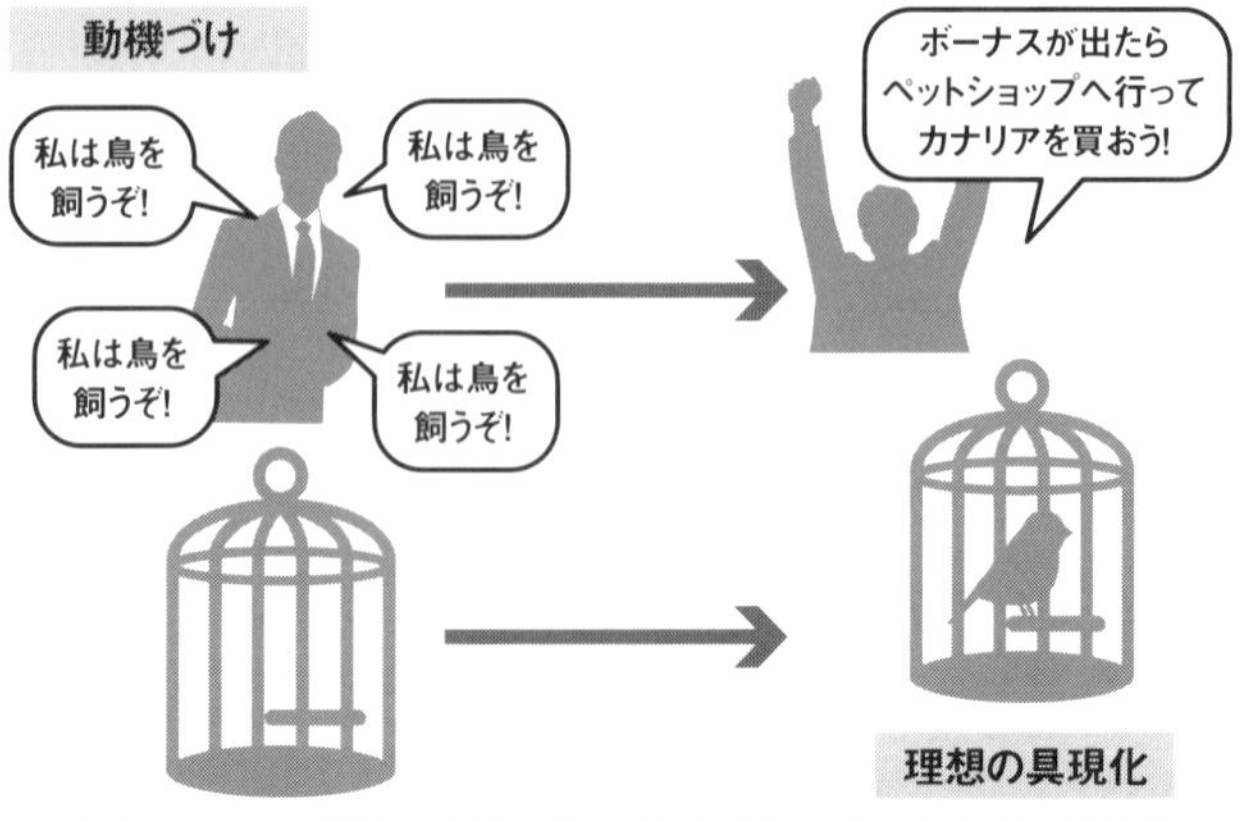

ゴールを設定すると無意識のうちに具体的な実現方法を考えるようになる

このような成功のサイクルを回せる人が成長し、自信を育んでいくのです。経験が蓄積されるので、成功イメージもどんどん広がります。

自信を育めるのは、素直に実行を積み重ねた人です。先が見えなくても、まずはやってみようと願望を元にゴールを決めてしまう。毎日その実現を考えることで、行動意欲や熱意が高まります。実現の道筋も見えてきます。

ですから、本書を読んだ方は、この本で知ったことを素直な心で受け止めて、実際に行動を起こしてみてください。

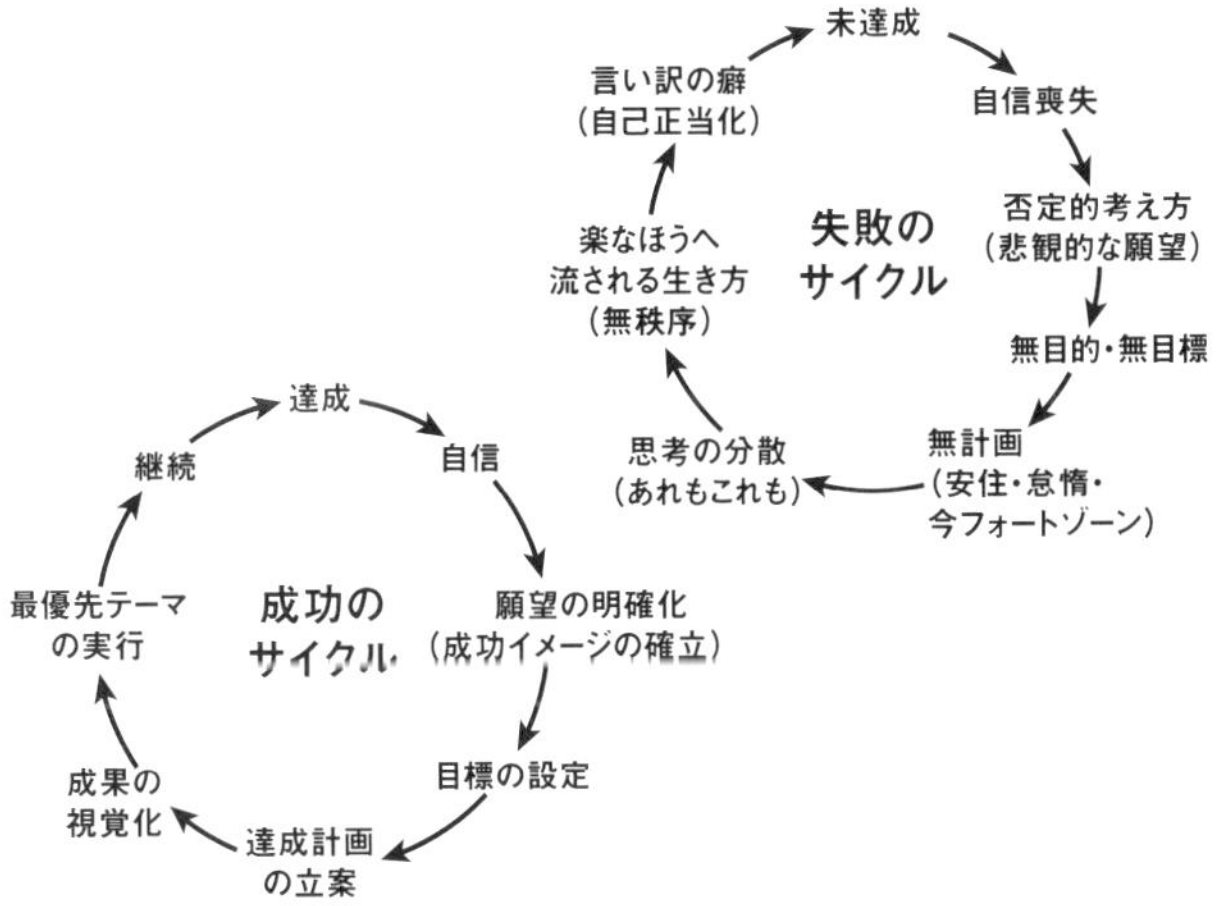

5つの分野で目標を設定する

目的を遂げるための目標から逆算した計画を立てるときに、日々の目標設定はどのように考えればよいか。順を追って説明しましょう。

まず目標とは、何をいつまでに実現したいのかというあなたが理想として思い描く未来の出来事です。

理想と現実を自らの行動で一致させていけば自信が育まれると述べました。目標達成とは、あなたが頭の中で考えている理想イメージを実現することです。

しかし、「願望から目標をつくってください」と言われても難しいでしょう。

そこで指標になるのが、人間の**基本的欲求**です。アメリカの心理学者ウイリアム・グラッサー博士が提唱した選択理論心理学では、人には次の5つの基本的欲求があると言われています。

①健康……心身ともに健康で生きようとする欲求
②愛と所属……愛し愛される人間関係を築きたい欲求
③力……自分の価値を認められたい欲求
④自由……精神的、経済的な自由を得たい欲求
⑤楽しみ……主体的に何かを楽しみたい欲求

人間はこれらの欲求が満たされると幸福感を得て、心が安定します。達成感や充実感も湧いてきて、自信形成にもつながります。

一生折れない自信をつくるために、この5つの欲求が満たされる目標を設定しましょう。心身ともに健やかでいるためには？　大切な人との関係をよくするためには？　能力開発し、充実感をもって働くためには？　収入を上げ、心が毎日解放されるためには？　趣味をもつ必要は？

それぞれの分野で欲求が満たせるような目標を定めたら、目的と一緒に紙に書き出して毎朝確認しましょう。目標を意識すればするほど、どうすれば達成できるかを考えるようになります。

そして、目標をいつまでに達成するのか、計画を立てるのです。計画は長期（5年以上）、中期（3年〜5年）、短期（1年〜3年）の3段階で立てていきます。

最終的には月間、週間、日別とその日のタスクにまで落とし込まれていきます。毎日タスクを考えて書き出して、1日の終わりに実行できたか振り返ってください。

「今日目的を遂げるためにするべきことは何か」を考え、着実に実行していく。**目標達成に向けて1日の質を高めていくことこそ**自信を高める近道です。

「目的や目標」を意識すれば「これをしたい、あれはしたくない」ではなく「なすべきことをなす」という思考になっていきます。快適感情に流されなくなるのです。

行動パターンを変えることになるので、最初は苦痛かもしれません。しかし、苦痛感情の先には真の快適感情があることを思い出してください。乗り越えるたびに、その経験は心の糧となって「はじめは嫌だったし、自信もなかったけど取り組んでみたらできた！」という感覚が育まれます。

苦手なこと、嫌なことから逃げ続けているといつまで経っても自信は育まれません。目的や目標に立ち返ることで行動を続けることができます。その積み重ねで、少しずつ自信が大きくなっていきます。

「今日するべきこと」は以下の５つに分類できるはずです。

①絶対にするべきこと
②するべきこと
③実行したほうがいいこと
④ほかの人に頼めること
⑤無意味なこと

「目的・目標」に照らし合わせて、その日のタスクに①～⑤まで優先順位をつけます。ひとたび取り掛かったらそのことだけに集中してください。

あれもこれも考えると、行動が止まります。その日に終わらせるべきことが多すぎて、忙しいのに生産的な1日を過ごせなかった、慌ただしくあっという間に1日過ぎてしまっていたという経験は誰しもあると思います。

しかし、それでは自信は育まれません。必ず自らの目標達成のために**「なすべきこと」は何かを考えて優先順位をつける**のです。

そして、1日の終わりに、夜湯舟に浸かりながらなどリラックスしながら、その日の棚

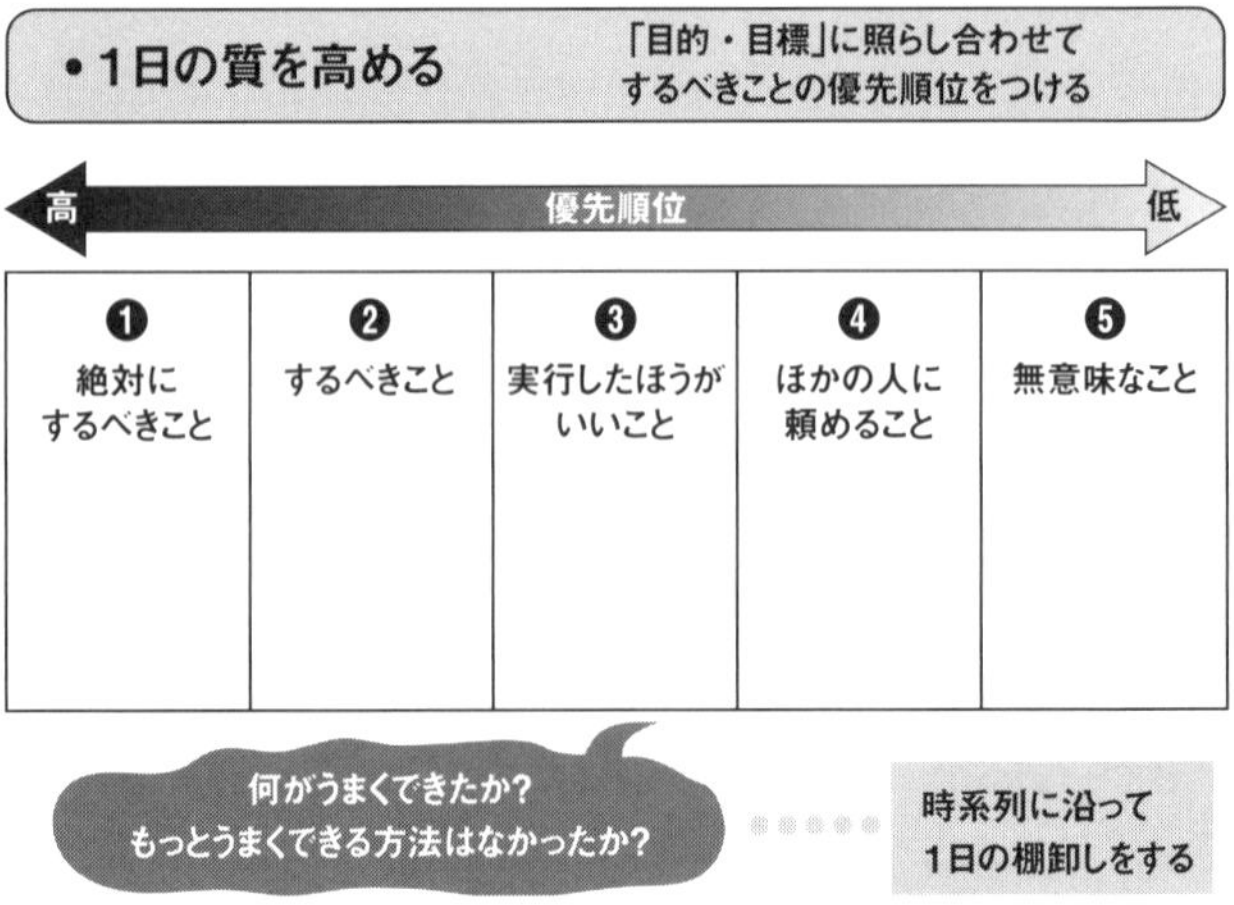

• 1日の質を高める
「目的・目標」に照らし合わせて
するべきことの優先順位をつける
高
優先順位
低
❶ 絶対にするべきこと
❷ するべきこと
❸ 実行したほうがいいこと
❹ ほかの人に頼めること
❺ 無意味なこと
何がうまくできたか?
もっとうまくできる方法はなかったか?
時系列に沿って
1日の棚卸しをする

卸しをおこないます。

①何がうまくできたか？
②もっとうまくできる方法はなかったか？

時系列に沿って1日を振り返ると考えやすいでしょう。何が目標達成に役立ったか、何が役立たなかったのか、もっとうまくできる方法はなかったか。そこで思い浮かんだアイデアを明日に役立てればいいのです。

1日の棚卸しは、深く考え込んだり、うまくいかないことが思い出されてイライラしてしまうほど根を詰めておこなう必要はありません。あくまでその日の反省を将来に活かすための振り返りです。内村鑑三の言葉に「一日一生」というものがあります。毎日を悔いなく過ごせるように、目的・目標に忠実に生きましょう。

3日、3週間、3ヵ月タームで目標達成を考える

目標を設定し、計画を立てて、1日のタスクに優先順位をつける。その日の終わりにうまくいったか、次に活かせるものはないかを考える。

1日の行動管理と振り返りを、まずは3日間努力してみましょう。3日経ったら、自分で自分をほめてあげてください。「3日坊主」という言葉があるように、まず3日間で挫折の壁がきます。

3日間続けられたら、3週間できます。3週間できたら3ヵ月できます。このように少しずつ期間を延ばししながら、小さな目標達成を積み上げていきましょう。3ヵ月経ったらふりだしに戻って、また3日間続けます。

これまで目的や目標なんて考えたこともなかったという人は、いきなり大きな目標を設定し、現実的ではない計画を立てて失敗しがちです。

自信のない人が、いきなり大きな成功をしようとしても難しいものです。大きな成功も小さな成功も成功には違いありません。身の丈に合った目標を設定して確実に達成していくことが大切です。

拓矢のように朝少し早起きをしてみるといった目標でもかまわないのです。小さな成功を積み上げれば、大きな成功になります。現実の延長線上に理想を描きましょう。

3ヵ月を大きな三角形として考えると、3週間、3日間の単位で区切れば小さな三角形が無数にできます。この三角形の一つひとつが自信の量だと考えてください。

図を見てわかるように、小さな三角形がなければ大きな三角形にはなりません。小さな三角形の積み上げなくして、一生折れない自

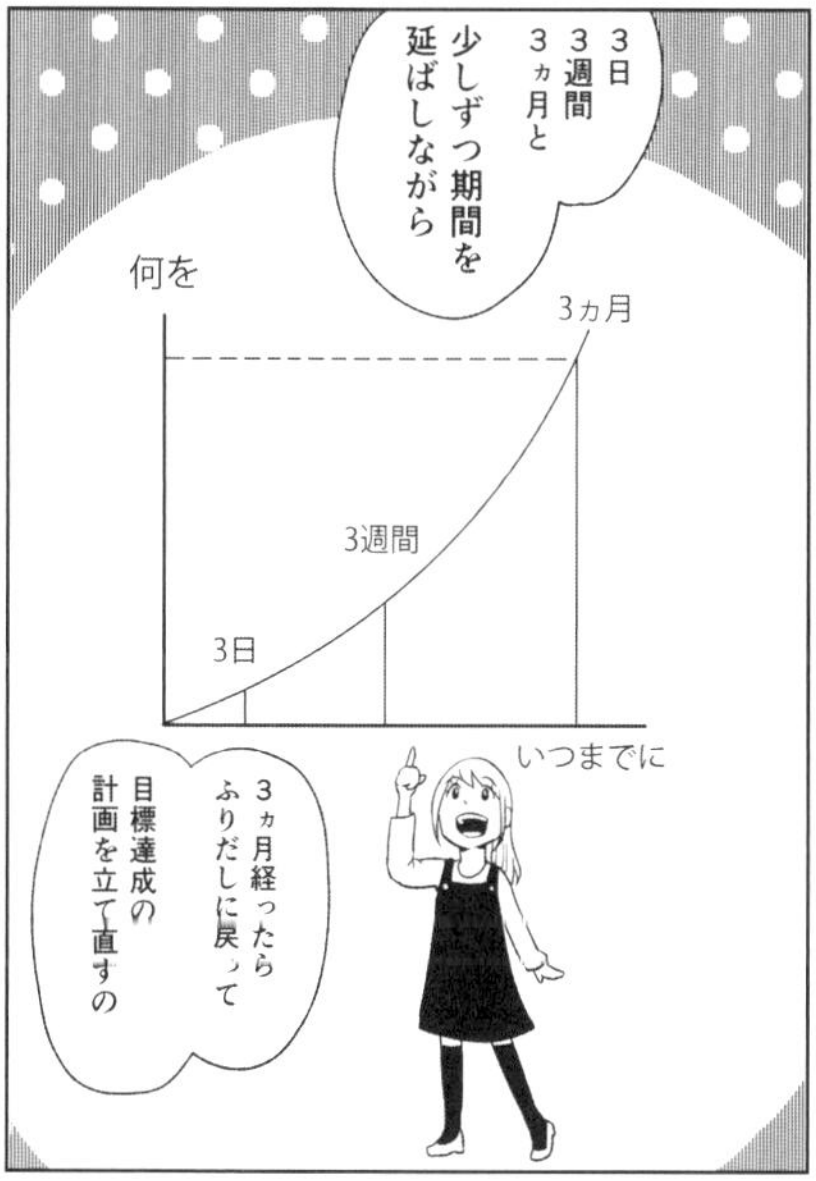

信の形成はないのです。

3ヵ月後に「何をいつまでに達成するか」、期限を切って目標を定めます。最初に大きな三角形を描いてしまうのです。

次にその目標を達成するために3週間後に何をすればよいか、3日後には何をするのか、逆算して小さな三角形をいくつもつくっていきます。3日、3週間、3ヵ月タームで考えるのが、目標達成を習慣にする秘訣です。

目標は、あくまでも自分で達成したいと思えるものを設定することです。どんなに自分にとってよいことでも、他人から言われて納得していないことは達成しても真の自信形成につながりません。

主体性がないところに自信は育まれないのです。人は自分で自分に課題を与え、それを乗り越えることではじめて自信をつくることができます。

第3章

小さな成功体験を積み上げる

くるみの助言を受けて自信がつきはじめた拓矢だったが、契約数は思うように伸びず先輩の竹内から冷やかされてしまう。そんなときに、突然、父から母・洋子が倒れたと聞かされて――。

おい黒田!!
何ですか竹内先輩
まだ契約2件だけらしいじゃん
竹内《たけうち》 剛《たける》(30)
偉そうな計画立ててるって噂で聞いたけど
ムッ…
所詮ゆとりはゆとりってことだ
ま！言い返せないよなー!!
大袈裟に主張しておいて空回りしてんだからよ！
ぐっ…

ダンッ
あ～ クソ! イジメだろ あれ!!
でもちゃんと計画作ったんだよね!!
何日続けたの?
3日
ズルズル…
人はそれを三日坊主と言う!!
コツコツ計画を実行すれば自信もつくよ!
ガーン
それができないんだよ…
ヴヴヴヴ
父さん
あ!! 父さんからだ!!
もしも――
拓矢!!
母さんが…!!

母さん!!
拓矢…
こなくてもよかったのに…
お父さんに電話したんだけど
よく考えたら出張でしょ
貧血で倒れただけ
大騒ぎさせちゃってごめんね
何言ってんだよ…
入院するのは拓矢を産んで以来ね

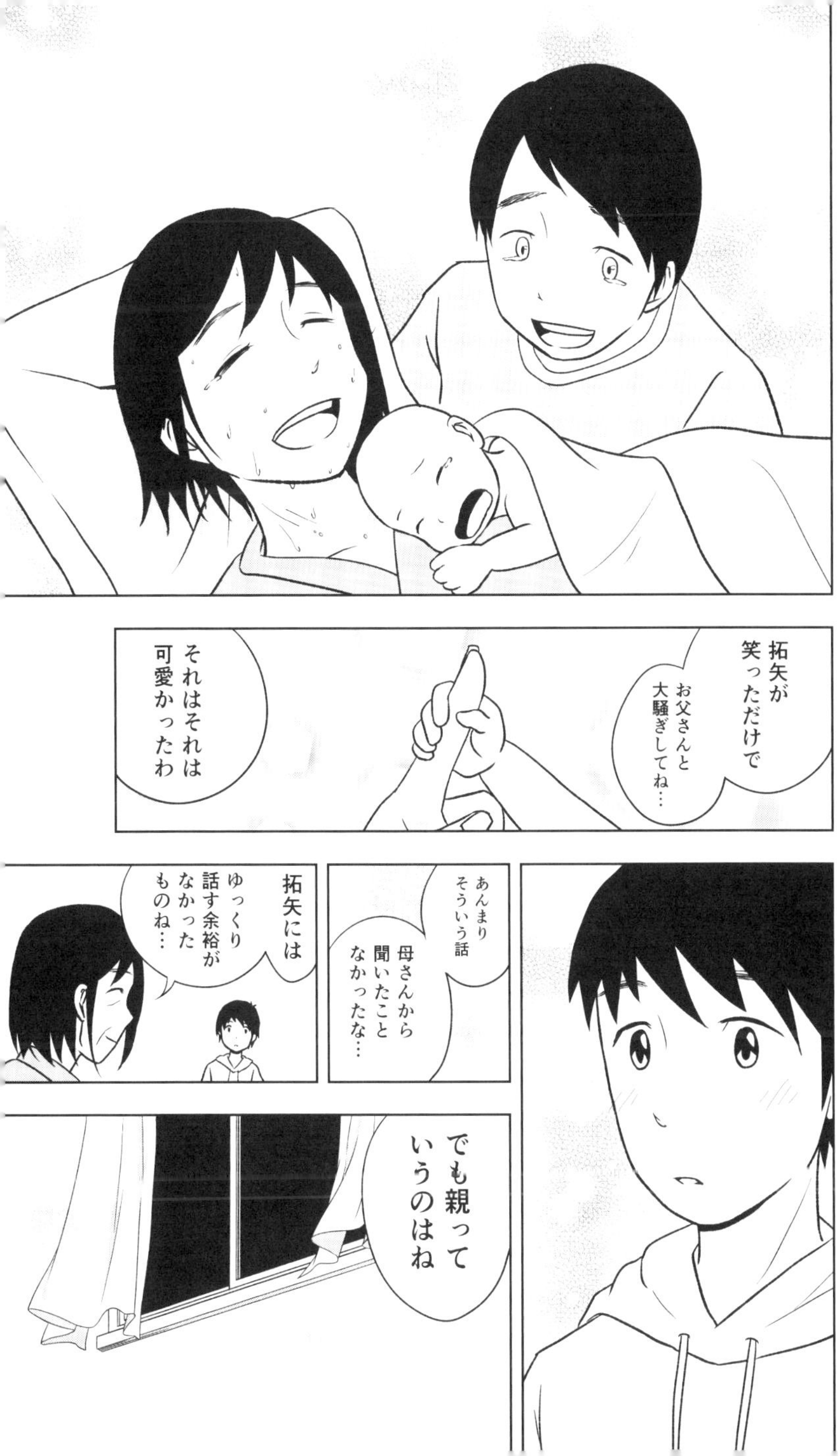
拓矢が
笑っただけで
お父さんと
大騒ぎしてね…
それはそれは
可愛かったわ
あんまり
そういう話
母さんから
聞いたこと
なかったな…
拓矢には
ゆっくり
話す余裕が
なかった
ものね…
でも親って
いうのはね

子どもをいつも一番に想っているの
たまにはお父さんと男同士話しなさい
「拓矢…」
「元気にしてるだろうか…」
「大丈夫ですよ」
毎日あなたのこと心配してるのよ

次の土曜日
またどうして
急に山登り
なんて
父さん
登山サークル
だったん
だって?
こないだ
母さんから
聞いてさ
大学時代に
日本のおもな
山はほぼ登ったな
いつも穏やかに
役所に行く
父さんの姿しか
見てなかったから
!
こうやって2人で
どこかへ行くのも
久しぶりだな

いい機会だ
親子水入らずで
楽しもう
ゴソ
ゴソ
父さんこれ!!
ピラッ
計画表
作ったんだ
とりあえず
目的と目標を
考えてみた!
よし!!
それじゃ
達成したら
丸をつけよう
うん!!

六合目
標高
2390M
拓矢!!
6合目だ!!
登山スケジュール
ご来光 5時頃
五合目 AM11:00
六合目 AM12:00
七合目 AM
ゼェ…
ゼェ…
ゼェ…
初っ端からきつすぎぃ!!
ハハハ

ゼェ…
ゼェ…
もう無理…
七合目
NO7
もう…
歩けない…
8合目に
仮眠できるように
宿をとってある
あと少し登れば
一休みできると
思って頑張ろう
ハァ
ハァ
どんなに
高い山でも
一歩一歩
登っていると
いう達成感を
噛みしめながら
歩くんだ
ハァ
ハァ
グッ

TAISHIKAN
頂上まで2km (約180分)
八合目
標高
3100m
スゥ…
スゥ…
ゼェ…
ゼェ…

父さん…
もう俺無理だ…
先に行ってくれ…
!
拓矢が歩き出せるタイミングを待つよ
急がなくていい
キツイか?
もう…登りたくない…
——はぁ…
やっぱ俺は何やったってダメな人間だ…
自分のことを悪く言うな!!
拓矢!!

ギリ……
私と母さんは
ごく普通の
夫婦だ
だけど
私たちにとって
拓矢は
かけがえのない
存在だ
これは
私と母さんで
決めた
7つの習慣だ
スッ
7つの致命的習慣
1. 批判する
2. 責める
3. 文句を言う
4. ガミガミ言う
5. 脅す
6. 罰する
7. 自分の思い通りに
しようとして褒美で釣る

7つの致命的習慣をやめて
7つの致命的習慣
1. 批判する
2. 責める
3. 文句を言う
4. ガミガミ言う
5. 脅す
6. 罰する
7. 自分の思い通りにしようとして褒美で釣る
裏面の
思いやりを示す7つの習慣を使ってきた
思いやりを示す7つの習慣
1. 傾聴する
2. 支援する
3. 励ます
4. 尊敬する
5. 信頼する
6. 受容する
7. 意見の違いについてつねに交渉する
私たちは拓矢の選択を信じているし
親としていつも拓矢に言うことは自分にできているかと問うている
拓矢
勝つことよりも強くなれ

登山は自分の足で頂上を目指していく
地道に少しずつ登っていけば
必ず山頂にたどりつく
人生も同じだ
最初から大きな目標を掲げなくてもいい
今の自分にできることから取り組もう

誰のため
でもない
拓矢自身の
人生だ
自分らしく
生きろ
グッ…

日本一の山頂から見る朝陽はどうだ
…すごい
すごいよ…父さん
この景色は拓矢自身の力で登って手に入れたんだ

お前は
できる子だ
何かあれば
いつでも家に
帰ってこい
お前の居場所は
ずっとある
お母さん
重病じゃなくて
よかったね
ヘンな話だけど…
今回の母さんの
入院騒動には
感謝してるんだ
感謝？

俺…父さんとも母さんとも
あんなにちゃんと話したことなかったから…
愛されてるんだって心底実感したよ
頭ではわかっていても深く実感するのとはわけが違うんだな
俺は今まで
計画を立てただけで満足してた
でも一つひとつ実行して達成感を噛みしめていけば
前に進んでいけるんだ
今回はくるみの出る幕ないね
そんな事ないさ!!
小さな達成が大事って言ってくれてたしな
じゃあ少しは役に立ったかな
またくるねじゃあね
おう

おはようございます
おはようゆとりくん
今週は新規契約のご報告も必ずできると思います
!
…へー
すごい自信だな
僕にも価値があるって実感したんです
小さいことから実行してコツコツ達成を積み上げるだけです
…まぁ
せいぜい頑張れよ
はい‼

これまでの俺は
いきなり契約をとろうと焦っていた
でもそうじゃない
もっと確実にできる
小さなステップに分けて
挨拶を返してもらう
顔を覚えてもらう
提案を聞いてもらう
一つひとつ達成を積み上げていけばいい
父との登山で学んだように
自分の望む
結果を出すために
自分で決めた目標の達成をめざすんだ!!

自己イメージの中核にある自己愛

親の子どもへの関わり方は、子どもの自己イメージに大きく影響します。子どもは、自分のルーツである親が、いつでも愛情をもって温かく大切にしてくれていると感じることで（過保護とは異なります）、自分自身を愛せるようになります。

自分に対する見方が自己イメージです。**その中核には自分で自分のことをどれだけ愛しているのかという自己愛があります。**

愛情ゆえに「ダメだ。ダメだ」と、親が子どもにマイナスの言葉を使うと、子どもの自己イメージは下がります。

いつでも絶対的に信じてくれる、無条件に愛してくれる。ありのままの自分を肯定してくれる。そうした愛に触れることで、人は自分の存在を承認できるようになります。**親に愛されて育った子どもは、健全な自己愛と高い自己イメージをもちます。**

もし自信がもてず、親との関係もよくないという人は、親子関係を修復しましょう。愛されていない人、愛されたことがない人に真の自信はもてません。愛されたければ、自分から愛すること、感謝することです。

「いろいろなことがあったけれど、自分を生み、育ててくれたお父さん、お母さんありがとうございます。感謝しています」

心を込めて言ってみましょう。親への感謝の念が少しずつ湧き上がってくるはずです。素直に感謝

できないという人も、自分のために自分のルーツを肯定してください。

頭でわかっていることと、深く実感することとは大きく違います。洋子や健一からの愛ある言葉で存在を承認された拓矢は、自分で自分を認められるようになりました。そこから仕事に対する前向きな姿勢が生まれました。

親だけではなく、あなたのことを大切に思っている人は周りに必ずいるはずです。その人たちに感謝し、恩返しするような生き方をすることで、人の役に立っている実感が得られたり、周りからも感謝が集まります。すると、ますます自己承認ができて自己イメージが高まります。

真の自信を形成したければ「信じてくれないから、信じない」「愛されていないから、愛さない」「わかってくれないから、わかろうとしない」ではなく、自分から周りの人を信じる、愛する、理解しようとすることです。

思いやりを示す7つの習慣・7つの致命的習慣

自己愛を育むためには、他者とのよい人間関係が欠かせないことがわかったでしょう。

では、他者と良好な関係を築くためにはどうすればいいでしょうか？

重力は、アフリカであろうと南極であろうと日本と同じように働いています。このように目に見えないけれども存在する原理原則が世の中にはあります。

「何事でも人々からしてほしいと望むとおりのことを人々にもそのようにしなさい」

相手の立場に立って、相手の望みを叶えることを自分の望みとする黄金律を守っていれば、よい人間関係は育まれていきます。

前述した選択理論心理学では、人間関係を破壊する習慣と構築する習慣があるとしています。それが「7つの致命的習慣」と「思いやりを示す7つの習慣」です。

黄金律から考えれば「7つの致命的習慣」と「思いやりを示す7つの習慣」のどちらが

原理原則に則しているかはわかるでしょう。

自分の人生に明確な目的をもち、その目標達成のために最善を尽くしている。あなたが成功させたい人で、その人の成功があなたの成功となる。このような人をパワーパートナーと言います。

夫婦であれば、配偶者とともにお互いの願望を成就しようとしなければ幸せになれません。職場、友人関係、すべてに当てはまります。自信形成にはパワーパートナーの協力が不可欠です。

パワーパートナーをつくる秘訣が、7つの致命的習慣をやめて、思いやりを示す7つの習慣を自分のものにすることです。

相手のことを大切に思っていて、相手もいつでも自分のことを大切に思ってくれていると実感する。そのような関係があれば自己愛が高まり、自信も形成されます。

良好な人間関係を築くためには7つの致命的習慣をやめて、
思いやりを示す7つの習慣を使おう。

7つの致命的習慣

1. 批判する
2. 責める
3. 文句を言う
4. ガミガミ言う
5. 脅す
6. 罰する
7. 自分の思い通りにしようとして褒美で釣る

思いやりを示す7つの習慣

1. 傾聴する
2. 支援する
3. 励ます
4. 尊敬する
5. 信頼する
6. 受容する
7. 意見の違いについてつねに交渉する

他人と比べない

世の中には「この人は大成功しているのに、なんで自信がないんだろう」と思う人もいれば「どうしてそれほどの自信が湧いてくるんだ？」と感心するほど、根拠のない自信をもっている人もいます。

自信がもてない人には、自分を正しく評価していない人たちがたくさんいます。自分を正当に評価するために必要なのは、**他人と比べないこと**です。

「できる人」と自分を比べて落ち込んでしまう、もしくは身の丈に合わない高すぎる目標を掲げて挫折したり燃え尽きてしまうのは、自信形成のマイナス要素にしかなりません。「学生時代は、成績がトップクラスで人気者だったのに……」と、過去の自分と今の自分を比較して落ち込むのも同じことです。

過去はすべて記憶でしかありません。良い体験にしろ、悪い体験にしろ、そのときの環境によって生み出されている部分が必ずあります。

つねに今の自分にフォーカスして、目的・目標を達成するために何が必要なのかを考え、実行することです。

イソップ寓話に「ウサギとカメ」の話があります。「ウサギはカメと自分を比べて慢心してしまったが、ウサギはカメと自分を比べて慢心してしまったが、カメは自分のゴールだけを見据え続けたから、ウサギに勝つことができた」と考えられないでしょうか？

もし、周りを見て落ち込みそうになったときは、ウサギではなくカメの生き方を思い出してみてください。必要なのは「勝つ」ことではなく「強くなる」ことです。

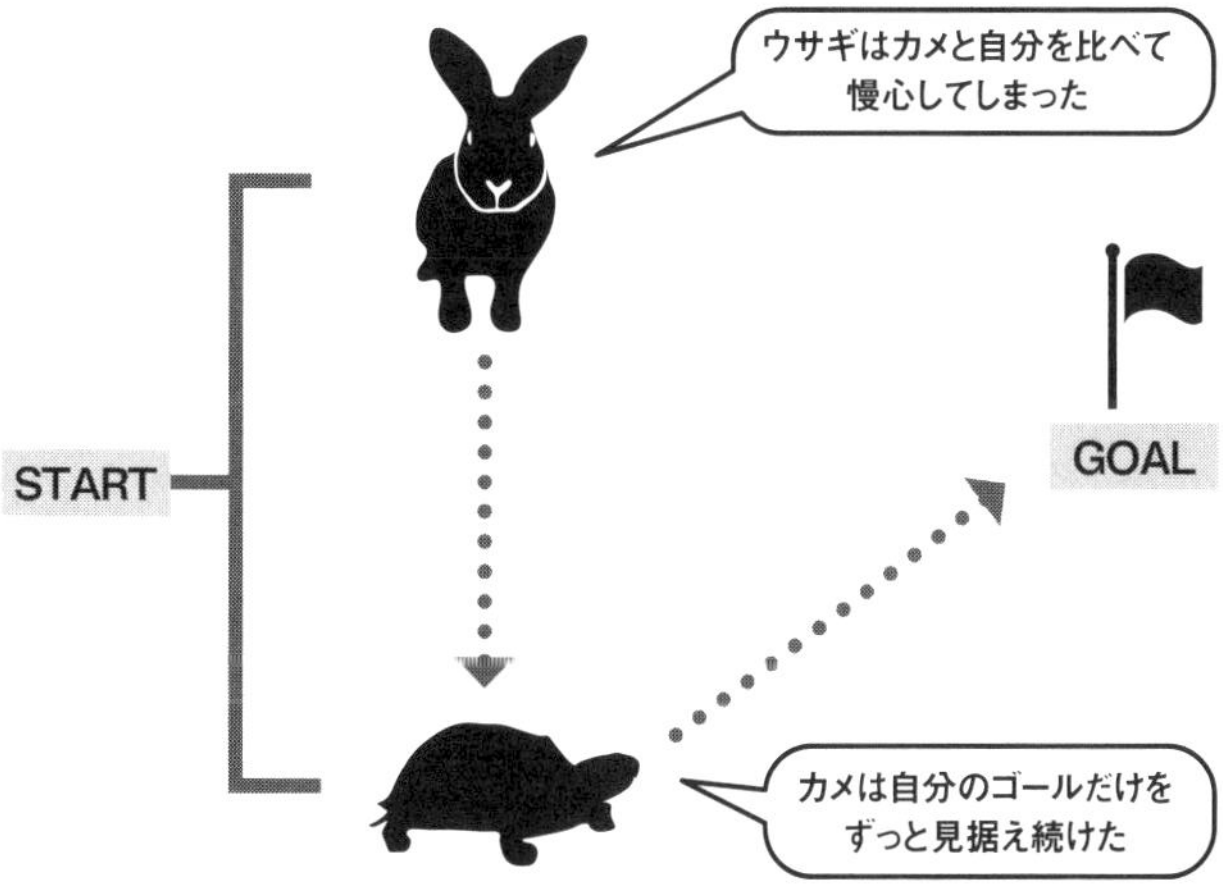

目的に対して誠実に生きる

私たちの周りには比較が溢れています。他人との比較から抜け出すのは難しいものです。しかし、学歴、家柄、能力、お金、人脈……。自分にないものを理由にした瞬間に、できないことを正当化する生き方を選んでいます。

あなたの職業はなんですか？

60歳でこう問われたときに、はっきり答えられるような生き方をすれば、人生は切り拓かれていきます。

自信がない人は、コンプレックスを払拭するために、他人に勝ろう、優越感をもとうとします。しかし、比較しているかぎり、どれほど成功を収めようとも心からの自己承認はできません。

「自分に求められている成果は何か？」を自問自答しましょう。それを真摯に考えて、実行していけば誰でも強くなれます。

「どう生きるのが正解なのか？」よりも、自分の目的に対して、効果的か効果的ではないかを考えて生きていくことが自信を育む秘訣です。
・今の自分の行動は目標達成に役立っているか
・この行動の選択は理想とする人生に近づくのか、遠のくのか
シンプルに考えて、答えを探すのではなく、

誰のためでもない
拓矢自身の人生だ
自分らしく生きろ

自分で答えをつくっていく生き方です。

成功を収めれば自信もつくと思って、損得で物事を見極める人がいます。

しかし、損得で動くのをやめた瞬間に、人はブレない軸ができて強くなります。優先すべきは、自分にとって損か得かではなく、目的に対して誠実でいられるかどうかです。

あなたの目的はなんですか？

志を遂げるため、今日やり残したことはありませんか？

目的が見つからない人も、自分が必要とされていることを考えて、精一杯取り組むことで、少しずつ目的が明確になっていきます。

他人に勝ろう、社会的に認められようとするよりも、自分にとって有利か不利かよりも、なんのために自分の命を使うのかという目的に向かって、真摯に日々最善を尽くしていきましょう。

達成の数で自信は決まる

自信は、自分の思考（思っていること）を実現した回数に比例して形成されていきます。

「自信のあることは何か？」と聞かれたとき、多くの人は、これまで数多く達成してきたものを思い浮かべるのではないでしょうか？

それまでできなかったり、経験がなかったものを「こうしよう」と決めて、自分の力で現実のものにした。こうした**成功・突破体験から自信は生まれます**。

はじめは小さいものかもしれません。しかし、繰り返し達成することで徐々に大きな自信になっていきます。

自信形成には常日頃から「自分の思っていること」と「していること」を一致させる習慣をもつことが大切なのです。

人間の能力開発には5つの段階があります。

あなたはこの本を手に取りました。そして自信をつくるための情報に触れました。これが**「知る」**という状態です。たとえば、どれだけ英語がうまくなりたいと思っても、どうすべきかを知らなければ上達しません。能力開発には知ることが必要です。

次が**「わかる」**です。英語を話せるようになるためには、たくさん英語で会話することが必要だと理解します。ネイティブの発音とは何が違うのか、自分の語彙力はどのくらいあるのか、理想と現実のギャップがわかることで、自分の課題も見えてきます。

わかったことをわかったままで終わらせないためには**「おこなう」**ことが大切です。方

能力開発の5段階

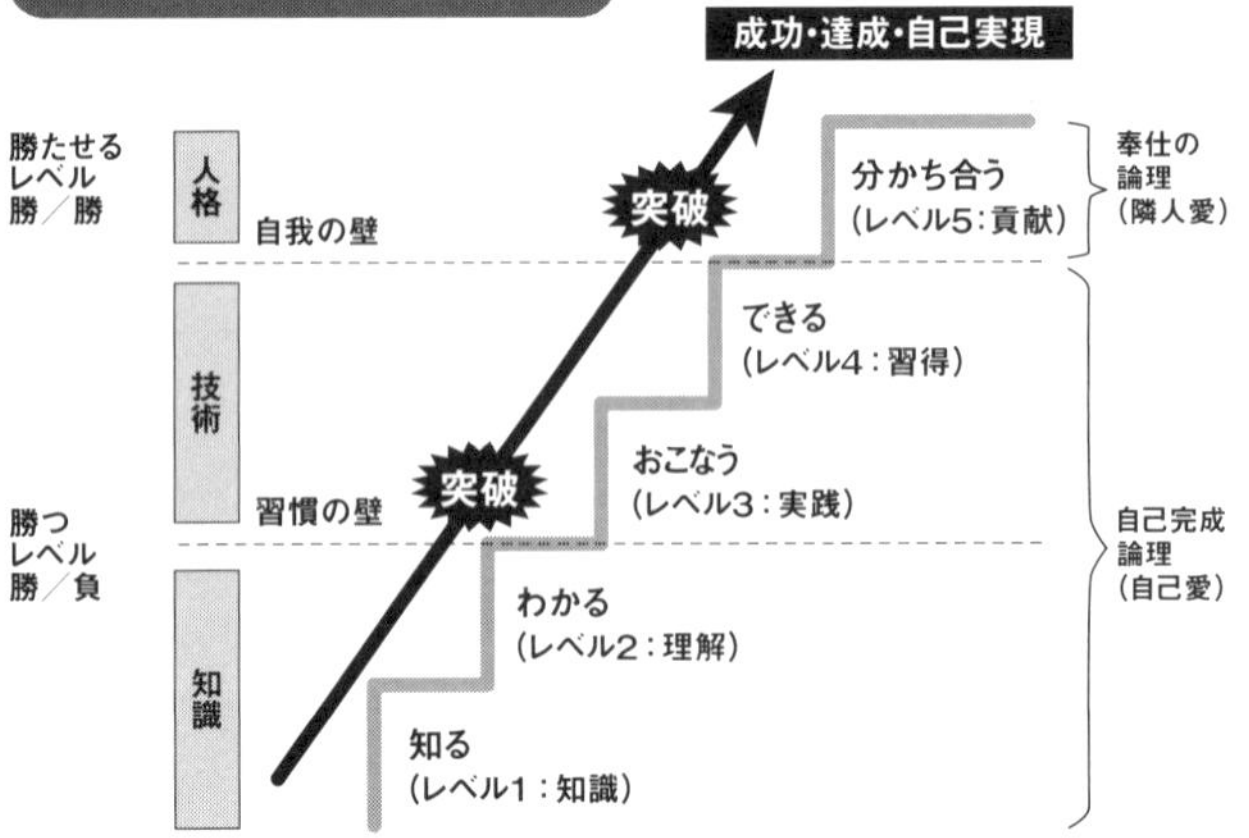

法論だけを知っていても、わかっていても、実際に英語を習得するためにはトレーニングが必要です。そして、おこなうだけではなく**「できる」**ようになるまで磨き続ける必要があります。

最後の段階が**「分かち合う」**です。自分ができるようになったら、自分のものだけにせず分かち合うことで、さらに磨かれて普遍の技術として使いこなせるようになります。「できる」までは自己完成論理で行き着きます。「分かち合う」からは奉仕の論理です。自分も相手もともに勝つ人格のレベルでの実践になります。

難しく考えなくても、1日の始まりに自分の目的や目標を確認して、達成するために、今日できることは何かを考えてタイムスケジュールに入れましょう。そして、その日の終わりにどれだけ完了したかを振り返るのです。

ひとつ目標が達成できたら、今度はもう少しハードルを上げて、難易度の高いことに取り組んでみましょう。最初から高すぎる目標を立ててしまうと、達成が困難になり、自信喪失につながります。その日のタスクは、着実に達成できるレベルまで、できるだけ細分化しましょう。

小さな目標からはじめる

山頂をめざして登りはじめても、歩めるのは目の前の一歩だけです。高すぎる目標を掲げると途中で息切れしてしまいます。**今踏み出せる一歩に集中しながら、達成を少しずつ積み重ねていくこと**が、一生折れない自信を手に入れる秘訣です。

大切なのは、思考と行為の一致です。達成の数と量が多ければ多いほど自信が育まれていきます。自分がやり遂げられそうなレベルに目標を設定し、実行して成功経験を積む。その経験をもとにもう少しだけ高い目標を設定し、さらに成功を積み上げていく。これが自信形成の鉄則です。

自己イメージが上がるのは「理想に近づいている」と思えるときです。反対に理想と現実のギャップを見て、「自分にはできない。達成したいけど無理だろうな……」こう思った瞬間に自己イメージは下がってしまいます。他者評価ではなく、自己評価で自信をなくしてしまうのです。

　成功体験がある、自信に満ち溢れている人は、高い目標が目の前にあっても突き進むことができるでしょう。

　しかし、人と比べる必要はありません。拓矢は竹内と自分の営業成績を比較して、劣等感を感じていました。ただ、健一の教えによって人生の目的は人それぞれ異なることを実感し、自分の求める目的に向かって、自分で達成したい目標をつくり、歩むことが自信形成の本質であることを理解しました。

　そして拓矢は、はじめから契約しようとするのではなく自分にできる目の前のステップは何かを考えはじめたのです。

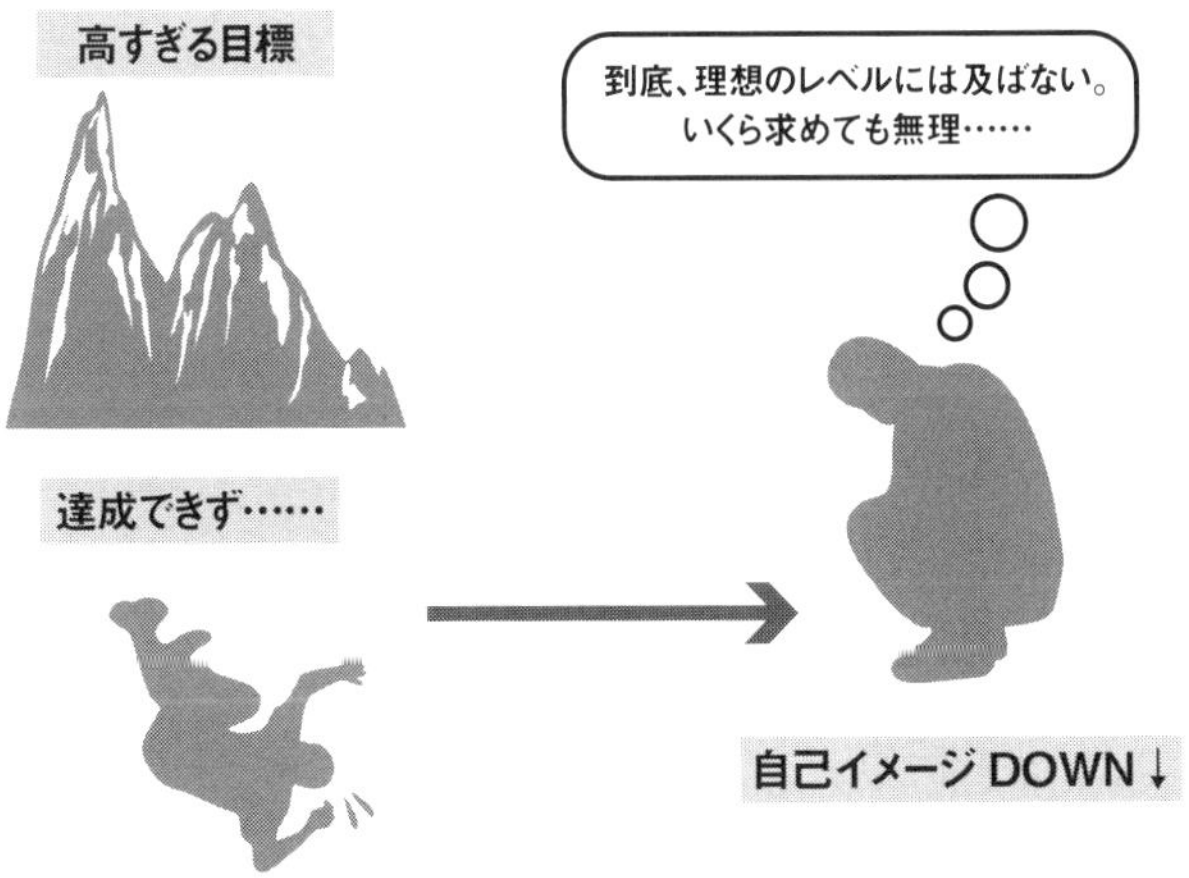
高すぎる目標
到底、理想のレベルには及ばない。
いくら求めても無理……
達成できず……
自己イメージ DOWN↓

自信をつけたければ、まずは自分なりの成功パターンをつくることを目標に、達成するたびに自分で自分を承認しましょう。その快適感情が次の目標に向かう英気になります。

「今夜は少し夕ご飯を奮発しよう」「ランチを豪華にしよう」など、小さなインセンティブでかまいません。

快適感情を味わうごとに、目標達成が好きになって、どんどん行動意欲が湧いてきます。

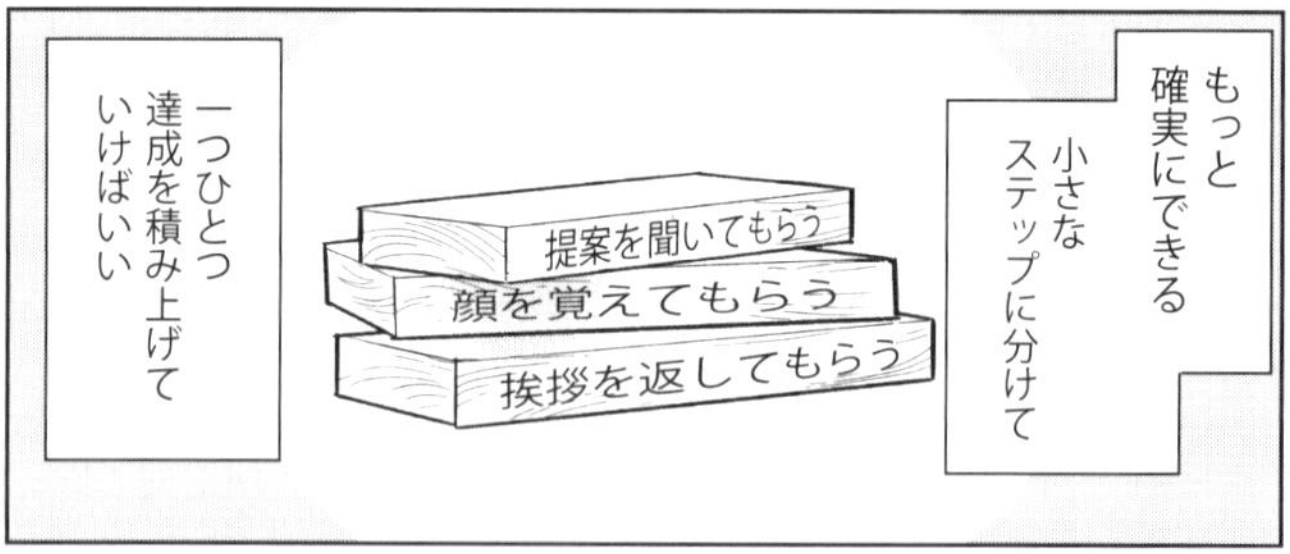
もっと確実にできる
小さなステップに分けて
提案を聞いてもらう
顔を覚えてもらう
挨拶を返してもらう
一つひとつ達成を積み上げていけばいい

父との登山で学んだように
自分の望む結果を出すために
自分で決めた目標の達成をめざすんだ!!

自分の居場所を見つけよう

自分と同じ分野で卓越した人を見ると「うわ、すごい」「視点が違う」と、感心すると同時に比較して落ち込んでしまうことがあります。

しかし、なんでもうまくいっている人なんていません。どんな人も苦しい局面を乗り越えて今があります。たとえば、医者も、見方によっては毎日病気を抱えた人と会って、相談を受ける憂鬱《ゆううつ》な仕事かもしれません。それでも人の命を助けるという使命感があったり、快復した患者さんの姿を見るから、親身に診察・治療ができるのでしょう。

どんなときでも、自分の居場所をもっていれば自信を失うことはありません。自分の力で求めていることを達成した成功体験は確かなものとして自分の中にあるはずです。

人には、それぞれ自分の活かされる場所があります。わたしの場合は、過去にセールスで実績を出したことがあり、そこから研修トレーニングをするようになって、現在では1

つの公開講座を25年以上も続けていることから、壇上に上がったときに「自分にはこの講座がある」と思える自信につながっています。

苦しいとき、前に進めなくなりかけたときに、**立ち返る場所がある人は折れません**。あなたも自分の願望を実現するための目的・目標を定めて、本気で当たり前のことを特別に熱心に、しかも徹底的にやり続けてください。

大きな自信が得られると同時に「何が自分らしいか」が見えてくるでしょう。そこが「自分の居場所」になります。

人との比較や困難にぶつかることで折れそうになっても「帰るべき場所」に立ち戻れば挫折しなくなります。

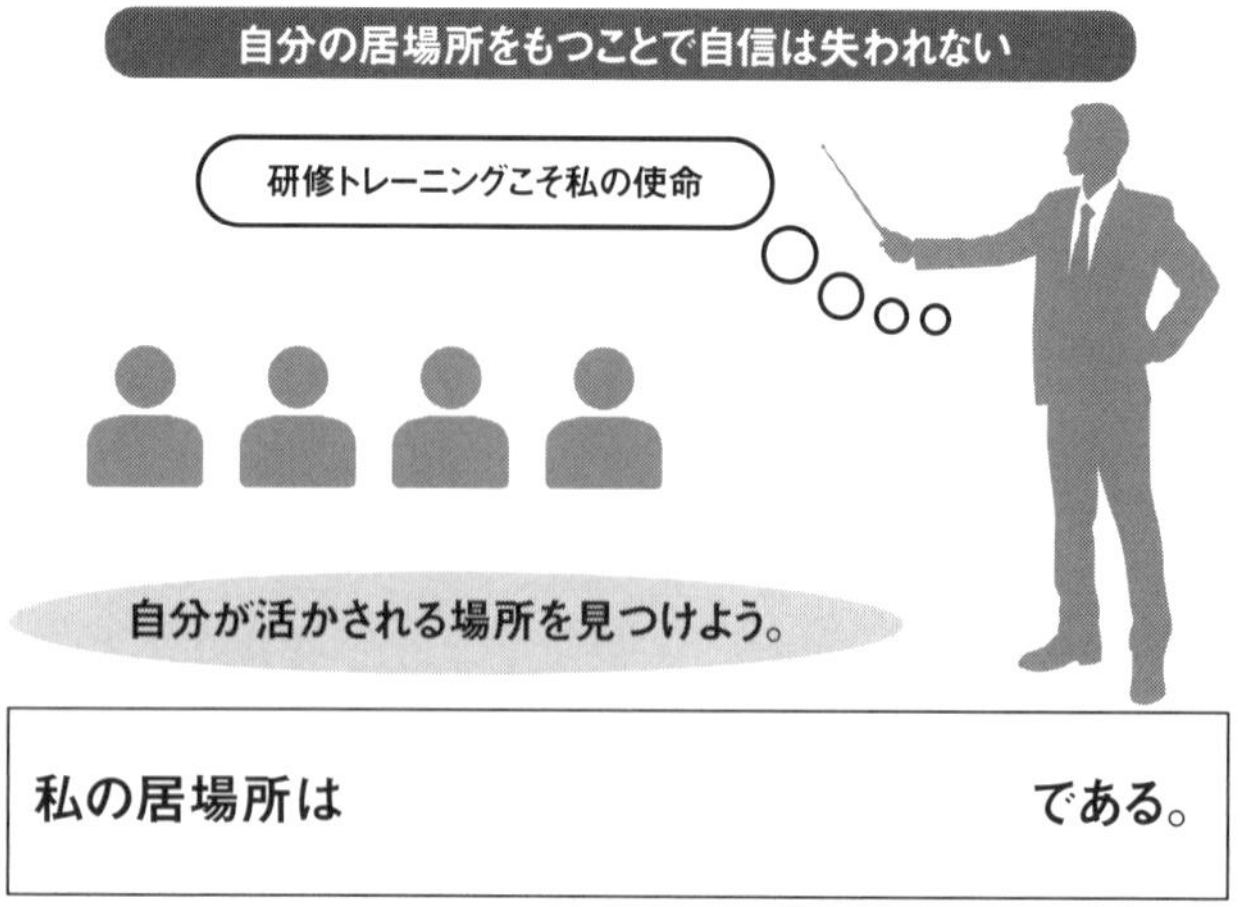

自分の居場所をもつことで自信は失われない
研修トレーニングこそ私の使命
自分が活かされる場所を見つけよう。
私の居場所は　　　　　　　　である。

第4章

自信形成を習慣にする

徐々に自信が芽生えてきた拓矢は、仕事にも前向きに取り組めるようになる。ところが約束の3ヵ月が迫る年末に大手広告会社が参入。大企業に自信をもって立ち向かうことができるのか?

新規開拓
営業をはじめて
あっという間に
2ヵ月が過ぎた
外回り行って
きまーす!!
黒田先輩
すっかり
見違えましたね
そうだな
くるみに
言われたことも
実践して…
目的
目標
15件訪問
TEL確認
俺も少しは
変われたかも
しれない
でも――
スマイル広告社

どうしてまだ契約が２件なんだー!!
うおおおおお
きょとん
原因はわかっているの?
それがさ…
今日行った雑貨屋さんで…
ZAKKA
お世話になってます
申込書お預かりにきました
黒田さん…
そのことなんだけど…
契約を考え直させてほしいの
えっ

当社のサービスが楽しみだと話されていたのに…
えーと…
クライム広告社
格安広告枠のご案内!!
業界最大手のクライム広告社
年末大特価セール!!
今すぐお申込みください!!
大手広告会社の年末セール…
残されたリミットは2週間…
くるみ…どうすればいいと思う?
じゃあ…

前にやったこのチェックシートをもう1回試してみて
自信がある人の共通
□数々の突破体験・成功体験をしてきている
□自分が好き
□高い自己イメージを持っている
□自立している
□責任感が強い。当事者意識が強い
□何事もポジティブに考える。前向きな思考・解釈をする
□良い習慣を持っている
□目的・目標を持ち、毎日を一生懸命に過ごしている
□自分がコントロールできることに焦点を当て、物事に取り組
□「逆境は最大のチャンス」と思える
できた！
すごいよおにいちゃん‼
ほとんどチェックがついてる‼
いやぁ～
でもさー
いくら自信なんてあっても大手には勝てないよー
はぁ～
おにいちゃん本当にそうかな

お客様の役に立っていれば
その会社は必要とされていて
価値ある仕事をしているんじゃない？
いい先輩後輩それに上司
応援してくれる仲間と
社会に欠かせない事業をしているのが
おにいちゃんの会社だよね
提供しているものの価値に目を向ければ
自信をもって提案できるはず！

COFFEE
すごいです先輩!!
あと1件!
でも黒田…
リミットの3ヵ月って…
20
15
10
5
デジタル営業
黒田
近藤
岩永
加藤

今日だろ⁉
…はい
では営業に行ってきます‼
先輩…
今日は…
午後から雪が降るそうです…
特売

風邪引くよ
おにいちゃん
商店街のお店は
全部回った
あと1件…
ここまで
きたのに…

でもさ…
部長も認めてくれるだろ…
別に1件くらい…
くるみもそう思うだろ?
このあいだのチェックシート…
おにいちゃん覚えてる?
おにいちゃんは2つだけチェックできていないところがあったの
自信が
☑数々の突破体験・成功体
☑自分が好き
☑高い自己イメージを持って
□自立している
□責任感が強い。当事者意識が
☑何事もポジティブに考える。前
☑良い習慣を持っている
目的・目標を持ち、毎日を一生懸命
分がコントロールできることに
境は最大のチャンス」と思える
識・情報を吸収するように努め
出会いを求めている

くるみはね
ずっとおにいちゃんのそばにいられるわけじゃないんだよ
おにいちゃんには自分の人生に責任をもって
自分の足で立っていてほしいの…
それがずっと
くるみの願い

…ごめん
くるみ
お前にそこまで
言わせるなんて
最後まで
あきらめない
きっといい
報告するから
家で待ってて
くれよな
これで
チェック表に
全部丸が
つけられるね
本当の自信
っていうのは
自分で育む
ものなの
おにいちゃんの
顔を見て
くるみも
安心した
くるみは
いつも
おにいちゃんを
応援してるよ

じゃあね
バイバイ
…バイバイって…
また会えるだろ…
高い自己イメージを持ってい
立している
任感が強い。当事者意識が強い
何事もポジティブに考える。
良い習慣を持ってい
目的・目標を
竹内先輩‼
俺に営業を教えて下さい‼
…と
とりあえず座れ黒田…

いいか黒田!!
うちの会社が売っているものは広告だ!!
でもお客様が欲しいものは何だ?
自社の商品が売れることだったり集客だったり…
そうだ
俺たちが提供しているものは
お客様の問題解決方法だ
それはお客様と接する
営業にしかできない仕事なんだ
お客様を成功させれば商店街も活性化する
地域に貢献する事業をしているのがスマイル広告社だ
その一員としてお客様に愛され必要とされる営業マンになれ

ゔ～～
雑貨屋の…!!
どうしたんですか⁉
！
黒田さん!!
それが…
雪でタイヤが
はまっちゃって…

教会のクリスマスイベントに
このプレゼントを届けないといけないいんだけど…
わだチャ
黒田さん!!
無理よ!!
任せて…下さい!!

ざわっ……
お…
おまたせ…
しま…した…
きゃっ
きゃっ
わ———っ
黒田さん!!
間に合って
よかったです!!
きゃっ
きゃっ

…やっぱり
黒田さんのところに
お願いするわ
…え？
広告の契約よ
黒田さんに
お願い
したいの
ただいま
戻りま——
おっ
帰って
きたぞ!!

契約は
どうだった⁉
みなさん…
こんな遅い時間まで…
…無事
20件達成しました‼
おおおおお

OOOOO Bank
23:01
香織
201件達成したよ!!!!
よかったー!! 本当におめでとう!!
一旦家に帰ったあと報告にいくよ!!
うん!待ってるわ
帰ったら…
くるみにも伝えよう…
くるみ!!
聞いてくれよ!!
くるっ…

くるみ…
あれ？くるみ
いないのか？
自分の人生に責任もって自分の足で立ってほしいの
ハッ
くるみ…俺…
…お前に
お礼を言いたいんだよ…

人生の方程式

はじめる前から「やっても報われない」とマイナス感情に囚われたり、尻込みしてしまうとき、経験だけではなく生い立ちも関係していることがあります。

生まれながらのものは選べません。生い立ちのせいで自信がもてないという人は、環境を理由に自分を守っているということに気づくべきです。

マイナスの考え方を選ぶのは失敗したくないからです。やらなくてもいい理由を無意識に探そうとしています。こうした側面は多かれ少なかれ誰もがもっています。

先天的に手足がないニック・ブイチチさんは、幼いころからいじめに遭い、自殺まで考えました。ところが、現在はサーフィンや水泳など、さまざまなスポーツを楽しみ、世界中で100万人を超える人たちに夢を叶える方法をメッセージしているスピーカーです。

どんな境遇でも自信をもっている人はいます。マイナスの考えに陥ってしまう人は、その考え方も自分で選んでいると認めましょう。そこから自信形成がはじまります。

下図は人生の方程式です。「先天的特質」とは、もって生まれた気質や特質のことで、親の愛で育まれた自己愛や自己イメージも含まれます。「環境」とは、あなたが身を置いている環境やそこから受ける影響のことです。小さいころは自分で選べません。最後の「本人の選択」とは、自分の意思で何かを選びとることを指します。

大人になれば「環境」と「本人の選択」は選べます。生い立ちに関係なく、何を選択するかで、人生は変えることができるのです。


その人の人生＝先天的特質×環境×本人の選択

1日だけの自信を保つ

どうしても自信がないという人は、1日だけ自信を保てるように取り組んでみましょう。ビジネスパーソンであれば、次の4つの自信を1日でかまいません。しっかりともち続けられるように過ごしてみてください。

- 会社に対する自信
- 職業に対する自信
- 商品に対する自信
- 自分に対する自信

今日という1日、これら4つの自信を保つことに集中するのです。今日できたら、明日もできます。次の日もできる。そう思って続けていきましょう。いつか大きな自信になっているはずです。4つの自信を胸に、その日1日を過ごしてみてください。

＊会社に対する自信

- 従業員数も多くて、都心の一等地にオフィスを構えている大手だから安心だ。
- 上場しているから一流の会社だ。
- 非上場であってもサントリーや竹中工務店のような企業は、上場企業にも引けを取らないよい会社だ。

　このように、私たちにはそれぞれ会社に対するイメージがあります。さらに言えば、誰もが一流だと認める企業でも、実際に働いている人たちのなかで良い会社か悪い会社かは分かれます。

　しかし、お客様にとって大事なことは、有名で規模の大きい会社かどうかよりも、自分が満足できる商品・サービスを提供してもらえる会社かどうかです。

そして、その会社がなくなってしまえば、困るお客様がたくさんいる。社会に多大な損失がある。お客様から、世の中から求められる事業を営んでいるのであれば、必要な企業で、良い会社、悪い会社というのはそれを捉える人の解釈でしかないのです。

会社に対する自信はどうしたらもてるのでしょうか？
大きく2つの要素に分けられます。

●経済的側面
●精神的側面

経済的な側面とは、売上、利益、社員数、給与、福利厚生といった事実です。
もうひとつの精神的な側面とは、次の5つで構成されています。

1つ目は、会社の代表者に対しての信頼です。高い志をもってリーダーシップを発揮している、社会的な影響力もあり、仲間思いの経営者についていこうとします。とくに中小企業では、精神的側面のなかで、この信頼が占めるウエイトは大きいです。

２つ目は上司や同僚との人間関係です。人間関係がよければよいほど、その会社のことが好きになります。

３つ目は業種、職種、仕事の内容です。自分の才能を活かせる仕事に携わっているという実感がキャリアの見通しになります。5年後、10年後に自分はどうなっているのか、そのときに会社はどのような状態か。会社の発展に自分の成長が重なることで、会社に自信がもてるようになります。

４つ目は、社会性です。どんなに利益が出ていても悪徳な商売に手を染めているという実感があれば、自信はつかないでしょう。小さくても社会に価値ある仕事をしている、社会的に求められている事業に携わっていると感じられれば、精神的な充足感が高まります。

最後が仕事のやりがい、生きがいです。どれほど価値ある仕事でも、やらされ感のなかで仕事をしていたら、作業になってしまい、誇りをもてません。ただし、本来は本人が主体性をもって、自己実現の意識が高ければ、どんな会社であっても、どんな仕事であってもやりがいはもてるものです。

会社に対する自信にもっとも影響するのは、そこで働く人たちとの相性です。自分が仲間として受け入れられている、気が合うといったことだけではなく、働きをしっかり評価してもらえる、公平であるというのも当てはまります。

会社に対する信頼感は（経営者を含む）誰と一緒に働くのか、次にどんな仕事をしているのか、そして、その仕事が自分のキャリア形成につながっているか。この順番で醸成されます。

よい会社か判断するときに、業界最大手である、給与が高いといった経済的な側面にばかり注目する人がたくさんいます。しかし、こう見ると、**会社に対する自信は精神的側面によって支えられている部分が大きい**のです。

拓矢もくるみの言葉によって、大手との比較ではなくスマイル広告社の価値そのものに焦点があたるようになって会社に対する自信が高まりました。

どんな会社であろうとも「自分がこの会社をよくしていく！」という立ち位置で、主体性をもって働けば自信を保てます。

そのためには、会社の歴史、創業者の考え

方、理念、ビジョン、方向性、業界で果たしている役割、長く働いている上司や先輩が自社のことをどう思っているのか、取引先やお客様の声などを自分から求めて、よく知るべきでしょう。

＊職業に対する自信

人生のなかで多くの時間を占める仕事。もし自分の職業に対する自信がもてなければ、生きがいまで失う、自分の存在理由が揺らぐほどになりかねません。

たとえば、人によっては、わたしの仕事をセミナー屋と見るかもしれません。しかし、大学教授、アナウンサー、歌手など、声や言葉を駆使して、人を幸せに導く仕事に携わっている職業の人はたくさんいます。職業に貴賤《きせん》はありません。目の前のお客様に価値を提供できているかどうかを考えましょう。

あるホテルスタッフを「カラス」と罵《ののし》った人がいました。学歴がないから給仕の仕事しかできないと言うのです。しかし、そう言った本人は、そのスタッフからサービスを受けているのです。

職業が違うのは才能が違うだけ。そのような他人の批判は気にする必要はないし、自分自身も他人を批判しないように生きていけばいいのです。

もちろん、社会的によくない仕事（悪徳な商売）をしているのであれば、すぐにやめなければいけません。

現実とは人が五感を通して知覚した世界であり、一人ひとりの捉え方は異なっています。つまり、現実は千差万別でまったく同一のものは存在しません。

活躍している人から話を聞きましょう。業界のピークパフォーマーに仕事の価値について尋ねましょう。その仕事がどういう歴史から生まれてきたのか、背景や社会貢献度を世界的な活動実績として確認しましょう。

あなたの仕事は社会貢献なのです。あなたの仕事を通して喜んでくれる人がいます。その小さな達成を積み上げて大きな成功をつくり上げることで、あなたは多くの価値を生み出せる人間になります。

アマチュアは会社の目標数値やノルマをこなすことが仕事だと考えます。プロは会社を自己実現の舞台として、時間ではなく成果のために働きます。

仕事は人生の基盤にあるものです。何をしているかよりも、**価値を高める貢献の場**として仕事を捉えれば、どのような職業であっても主体性をもって働こうと思えるのです。

＊商品に対する自信

商品とは、お客様の問題を解決できる、またはお客様の求めるイメージ・願望を実現できる機能、アイデアを形にしたものおよびサービスです。

商品に対する自信は、その**商品力（商品そのものの機能・効能）**と、**本人の商品に対する捉え方**という2つの側面があります。

商品価格が1万円ならば、その商品を通して1万円以上の付加価値を提供できるという見通しが商品力です。

もし絵が大好きで、自分の扱っている絵画の価値が1000万円では安いと実感しているとき、その絵を売ることに疑いはなくなります。

でも、絵にまったく興味のない人なら「絵に1000万円かけるくらいなら、マンションの1室を買います」とお客様に売れなくなります。

大手が扱っているから、誰もが知っているから、有名人が愛用しているから、売れるというのもイメージでしかありません。本人がその商品にどういう価値を感じているかが商品に対する捉え方です。

「大切な人に喜んでほしい」「溜まっているストレスを発散したい」「楽しい想い出をつくりたい」「癒しが欲しい」「不快な思いをしたくない」。

人が商品を購入する理由は無数に考えられます。お客様はなんらかの求めるイメージがあり、それを実現したくてものを買うわけです。

ですから、お客様が得たいもの、または商品を通して得られるものを理解しておかねば、商品に対する自信はもてません。誰のために、なんのために、なぜこの商品はつくられたのか。商品の開発コンセプトをしっかり把握しておく必要があるのです。

そして、具体的にその商品を使ってみましょう。その商品の機能性や競合他社の商品との比較から、なぜその価格なのかが見えてきます。

また満足したお客様の声をたくさん集めましょう。アンケートや感謝の声といった事実から、自社の商品はどこがすぐれているのか、何が支持されているのかがわかれば商品に対する自信が高まります。

もし自社の商品が競合商品と比較していちばん劣っているときはどうしたらいいでしょうか？

自分は単なるものではなく、お客様の問題解決方法を提供していると考えて、アフターサービスやメンテナンスといった商品以外の利点に目を向けましょう。

＊自分に対する自信

仕事で自信をつけることが自分に自信をもつ、いちばんの近道です。

目標に向かってベストを尽くすと、結果が出ます。報われる経験をすることで「自分のしていることはいい仕事だな」と実感します。報われるとは報酬だけではありません。与えられた仕事を成功させることで得る最大の報酬は、次の大きな仕事です。実力があると認められて、どんどんチャレンジのしがいがある、裁量権のある仕事が巡ってきます。

仕事とは、周りからうらやましがられる、世間の憧れだからよい仕事ではありません。好きなことを好きなときに好きなだけできれば、自分にとってのよい仕事です。

わたしは一度たりとも働けと言われて働いたことはありません。しかし、誰よりも早く出社して長く働いていました。アスリートが休みなく練習するように、目の前の与えられたことを全力で実行し、自分の成長を通していかに貢献するかを考えると、働くことが時間の切り売りではなく、多くの人の力になれる自分づくりになります。もちろん短時間でできるだけ成果を出すことが理想です。

そうした主体性をもった働き方をするはじめの一歩は**言葉の管理**です。「忙しい忙しい」と口にするより「今日は充実しているな」「密度の濃い日だね」と、表現を変えたほうが自分の気分がよくなります。

肯定的な口癖によってほんとうに「忙しい日ほど有意義だ」と考えるようになります。やがてすべてが感謝に切り替わるようになります。

苦痛感情を乗り越えるために、いかに気分よく生きられるかを考えれば、おのずとどのような言葉や態度を選ぶのが効果的かわかるはずです。いつでも自分が明るく振る舞うことによって、明るく生きていけるのです。

小人閑居して不善をなす。言われたことをただ漫然とこなすだけで、家に早く帰ってすることもなく、快適感情を得るために浪費をしてしまう。この繰り返しでは一生折れない自信は育まれません。

とくに20代、30代はひとつでも自分の得意分野を切り拓くことが大切です。その突破体験は、生涯自分を支えてくれます。

打ち込めば打ち込むほど、打ち込んだ自分のことが好きになります。「ここまで努力している自分はほんとうに頑張っているな」と、自分で自分を承認できます。

自信は環境や人につけてもらうものではなく、自分で育むものです。仕事を単なる生活の糧ではなく、自分の存在価値を証明できるものとして、成功体験を積み上げてください。

1日だけの自信を保てるように、4つの自信を書き出してみよう

[会社に対する自信]	[職業に対する自信]
[商品に対する自信]	[自分に対する自信]

成功者に学ぶ

あなたの考えは、あなたがこれまで得た情報、経験の蓄積です。ですから、よい人生を送るためには、よい考えをもてるように、**よい情報を選んで触れることで、自分で自分の考え（思考）をつくっていく発想**が必要です。

よい情報に触れるとは「本物」を知ることです。どの分野でも卓越している人には、その理由があります。高い基準に触れることで、あなたの願望も広がります。基準を上げれば、それだけ良質な人生が送れるようになるのは、言うまでもありません。

生まれつきの成功者は、この世に1人もいません。誰もがみな、良質な情報に触れることによって、成功への道を歩みはじめたのです。

周りにいるうまくいっている人、憧れの成功者に目を向けてみましょう。または、自分の将来なりたい理想の人物像を心にありありと描いて、メンターをもちましょう。

可能ならばメンターとコミュニケーションをとって、少しでも近づく努力をしてみましょう。

拓矢は竹内から仕事に対する捉え方を教わったことによって、前述した4つの自信を高めました。

もし周りに理想の人物が見当たらない場合は、本、映画、テレビ番組、セミナーなどから情報収集するのもよいでしょう。わたしのおすすめは、自分の境遇に近い人の伝記や自伝を読むことです。たとえば、同じ経営者でも創業経営者と2代目の経営者では、経営に対する考え方も感覚も異なります。自分に当てはまる、業界で活躍している人をメンターとして学びましょう。

すでにうまくいっている人を見て、倣《なら》えば、自信がないことでも、見通しをもって取り組めるでしょう。

すべては「自分が源」

自分を信じられる人間、すなわち自己信頼感の高い人間は、自分の言動に責任をもち、言い訳せず役割を果たそうとします。周囲から見ても自立して見えるし、実際に自分の力で生きていけるのです。

自信のない人に共通する特徴は、依存や甘えの心が強いことです。その根底にはうまくいかない理由をすべて他人のせいにしている「自己正当化」が存在します。

自信のない人が自立するためには、環境の力を使うしかありません。**自分の選択に責任をもたざるを得ない状況で場数を踏む**ことです。自己訓練を積みましょう。

登山はよい例です。どのルートで頂上をめざすのか、装備はどうするのか。事前準備からはじまり、道中も雨が降ってきたら休むのか、日が沈みそうになったらどのタイミングで寝床を確保するのかなど、絶えず変化する環境下で、自分であらゆる状況判断しながら、実行に移し、策が功を奏してもしなくても結果からは逃れられません。

依存や甘えの強い人は、これと同じことを日常生活で実践していかねば、すべては自分が源であるという意識は育まれません。自己訓練なくして、自立した人生も高い自己イメージも手に入れることはできないのです。

最後まであきらめない
きっといい報告するから

気負わずにまずは自分のよいところ（長所）を考え、伸ばしていくことを考えましょう。得意分野はうまくできるので自信も育みやすいのです。

自信形成を考えたときに、大成功している自分を描く人がいます。ただ、スタートが切れるのは、今できることからです。大切なのは行動すること。そうして少しずつ培った自信は、自立した人生を送るための土台になります。

エピローグ

自立した人生を送るために

目標だった 20 件の契約を達成した拓矢だったが、突然姿をくらませたくるみを気にかける。年末となり実家に帰省したところで、くるみの正体が明らかに——。

ワイ
ワイ
キャー
見て見てー
ワイ
ワイ
20件達成おめでとう!
ありがとう
この3ヵ月…いろいろあったね
自信がついたみたいで拓矢もすっかり変わったね
実はこの3ヵ月
近所の女の子に自信のつくり方を教わっていたんだ
…そうだったんだ
くるみって言ってさ10歳のくせして大人顔負けで

公園にも
いたんだけど…
香織
覚えてる？
え？
ごめん…
わかんないや…
そっか
私と拓矢
以外には…
誰もいなかったと
思うけどな…
ただいまー
やっぱり
くるみは
きてないか…
あれから
顔出さないなぁ
チリ…

鈴?
くるみの忘れものか?
リリ…
プルルルル…
あ、もしもし母さん?
明日から実家帰るから!!
うん…うん
チリ…
年末まであっという間でしたね
そうだな
やっぱ年越し蕎麦は母さんのじゃなきゃなー!!
そういえば…
かまぼこ
あの子好きだったわね
もう1年になるか…

ミルクは
10年前に
俺が拾ってきた猫だった
名前ミルクにする!!
牛乳好きだし可愛い名前じゃない

じゃ!!
行ってきまーす!!
グルル…
気をつけろよ
遅くなるなら連絡するんだぞ!!
はーい
キキッ
拓矢!!
サッ
キキィィ…
うわ!
拓矢!!
大丈夫か!!
いてて…ミルクが急に…!!
…えっ

ミルク——!!
ぱちっ
あれ？首輪に鈴がない…
もしかして…
チリン
ぱち
父さん 母さん… あのさ…

俺は
引越してから出会った
不思議な女の子について
父さんと母さんに話した
そしてその子のおかげで
自信について大切なことを教わり
おにいちゃんが勝手に
成長できたことも話した
ミルクは拓矢のこと大好きだったから…
見てられなくて出てきたのよ
おにいちゃん
ミルクは拓矢がもう大丈夫だと見届けて
天国へ行ったんじゃないかな

ミルク…
明日ミルクの霊園に3人で行こうか
そうしましょう!
俺かまぼこと牛乳持っていくよ
チリン…
年末の黒田の快進撃はすごかったな!!
ありがとうございます!
社長に話したところ「主任に昇格が決まった」
…と言いたいところだが
え…
いやな予感…

まずは…
!
新卒の白井を現場につける
黒田先輩よろしくお願いします!
だから黒田は白井の教育係として
営業の極意を教えてやってほしい
任せていいな?
黒田
はいっ!!
俺は

一生折れない自信をつけた
そしてこれは誰にでもできることだ
これからはその方法を後輩にも伝えていきたい
チリン…
どうしたんですか? 先輩
今…
いや
何でもない
くるみにも
胸を張っていられるように…

あきらめない人生に終わりはない

多くの人が「変われない」と言います。それは、変わるための苦痛よりも変わらないことで得られる快感を選んでいるからです。

変化は苦痛です。変わることでより大きな快適感情を味わえる保証はありません。だから今に安住してしまう……。

でも、人は誰でもよくなりたいと思っているし、いつからでもどのような状態からでも人生はよくなります。よくなるためには、**「よくなりたい」と心の底から強く願うこと**が出発点です。理想の人生を自分の心の中にしっかりと鮮明に思い描きましょう。

思考力は人間に与えられた最大の財産です。その力の偉大さに気づけば、人生は必ず好転します。思い描く力を悪いことに使えば悪い人生になり、良いことに使えば良い人生になります。だからこそ、目的地を定めることが大切です。「自分にとって成功とは何か?」

を明文化しましょう。

目的があるからめざせるし、道中自らの成長を認め、その果実である「大きな自信」を手にすることができます。

成功は成長の果実。成長があって、人ははじめて自信や成功を手にします。では、成長とはなんでしょうか？　**価値観の肯定的な変化**です。一言で言うならば、感謝の念をもてるかどうかでしょう。

そのために、小さな成功を積み上げて、大きな自信をつくり上げましょう。変化の激しい保証のない時代。しかし、小さな達成の積み上げは、あなたを裏切りません。将来の大きな成功を約束してくれます。

自信形成の過程で、理想と現実のギャップに打ち砕かれそうになることもあるでしょう。そのときは大きな砂山を想像してみてください。

砂山の頂点をいまよりももっと高くしたければ、思いきり底辺を広げなければなりません。砂山の底辺、それはあなたが失敗した数です。

失敗した分だけ、経験を積んだ分だけ、底辺が広がり大きな砂山が出来上がります。多くの失敗を乗り越えた人ほど強いのです。大事なのは勝つことではなく、強くなることです。強くなるためには挑戦し、**突破体験を積み上げる**しかありません。

自分のことはすべて自分で責任をもって、何があっても決して社会や環境、周りの人のせいにはしない。このような心構えが自信形成の第一歩です。

人は自ら選んだ道で自分の責任をまっとうしているときに自分の価値を感じられて自信が高まります。自分自身を大切に思うからこそ、それに恥じない責任を果たそうとします。自立している人ほど主体的な責任感があるのです。それがリーダーシップの発揮やプロフェッショナルとしての質の高い仕事につながります。

人生にギブアップはありません。ノックダウンはされても、ノックアウトされることはない。這い上がって、立ち上がる。理想をめざしながら努力を重ねる。

またこける。這い上がる。決して、決して、ギブアップはしない。

あきらめない。そういうあなたの姿勢を見て、周りの人が信じてついてきてくれます。これが組織の力になっていきます。

また倒れる。立ち上がる。また倒れる。また立ち上がる。結局、ネバーギブアップです。

人生とは、この繰り返し。あきらめない人生に終わりはありません。

たった一度の人生。二度ない人生。最善を尽くしましょう。自分の足で登るから、頂上に立った感動を味わうことができます。

その模範は多くの先人たちが示してくれています。彼らから、よい知恵、よい習慣、よい考え方などを、学び、真似て、ひとつずつ自分の力で乗り越えていきましょう。

目の前の小さな達成をコツコツ積み上げてつくり上げた大きな自信は、やがて信念へと昇華します。


わたしはできる。

わたしは必ずやる。
わたしには成し遂げる力がある。

このような自分自身に対する確かな思いです。信念は、「人の言う、今の心」と書きます。「できる」という信念は、一生折れない自信です。そのためにも、今、自分のできることを確実に実行して、達成していきましょう。

ここまで読み進めていただいたあなたは、すでにはじめの一歩を踏み出しています。このページの1字1句をしっかりと読んでいる。そして、読み終えるころには、読了したという事実が、将来の自信に変わります。

今できることに集中すること以外、人生をコントロールすることはできません。小さな一歩であっても、この一歩を毎日少しずつ踏み出し続けてください。

1日1日を精一杯、自分なりに納得する生き方をまっとうしましょう。気づいたときに一生折れない自信を手にしているはずです。

あなたの考え方はあなたが選んでいる

マラソン選手は厳しいトレーニングを受けます。過酷な練習をおこない、何十キロメートル走っても、翌日も主体的にトレーニングに臨んでいます。苦しいときも乗り越えられるのは、成し遂げたい目標があるからです。

世の中にはネガティブな情報、見方が溢れています。無目的無目標の生き方をしていると、こうした情報に巻き込まれて、無意識のうちにマイナスの観点に陥りやすくなります。マイナスなことを考えてしまう人は、その考え方をすることで何を得ているか考えてみてください。

もし過去に縛られてうまくいっていない人は、過去に問題があるのではなく、今、欲求がきちんと満たせているかを振り返ってみてください。

人は今を生きている存在です。**未来を変えたければ、現在を変えるしかありません。**今の欲求の満たし方、人との関わり合い方、自分の心の持ち方を工夫するしかないのです。

どんなにプラスの情報を入れても、心の底では自分はダメな人間だと思っている……。こんなふうに自分を卑下して、自信がもてない人もいます。

過去の出来事はすべてその時点で最善と思った選択の結果です。それほど重要ではありません。今よい状態を生きていれば、それが人生です。

しかし、人生は人との関わりのなかにあるので、自分の欲求を優先して相手の欲求充足を妨げてはいけません。欲求を満たすのも、最初は努力が必要です。

この世界のどこにもパラダイスはありません。誰もがある程度、自分を律しながら生きています。賢明に生きる人とは自分を律することができている人です。


あなたはどんな人間になりたいですか？

その願望に素直に、効果的な思考、行為を選んでいきましょう。

著者紹介

青木仁志（あおき・さとし）

北海道函館市生まれ。10代からプロセールスの世界に入り、国際教育企業ブリタニカ、国内人財開発コンサルティング企業を経て、32歳でアチーブメント株式会社を設立。講師を務める公開講座『頂点への道』スタンダードコースは講座開講以来26年間で658回毎月連続開催、新規受講生は33,164名を数え、国内屈指の公開研修となっている。その他、研修講師として会社設立以来延べ36万名以上の研修を担当。

著書は、22万部のベストセラーとなった『一生折れない自信のつくり方』をはじめ52冊。解題4冊。うち11点が海外でも翻訳刊行。

オフィシャルサイト：http://www.aokisatoshi.com

この本を読んでいただき、ありがとうございました。

ご質問等がある方は、下記のメールアドレスまで何なりとお寄せください。

皆さまとの出会いを楽しみにしております。

青木仁志

Email:speaker@achievement.co.jp

アチーブメント出版

twitter	@achibook
facebook	http://www.facebook.com/achibook
Instagram	achievementpublishing

マンガでわかる!

一生折れない自信のつくり方

2017年（平成29年）9月29日　第1刷発行
2017年（平成29年）10月28日　第2刷発行

著　者	青木仁志
作　画	朝日夜
シナリオ	星野卓也
発行者	塚本晴久
発行所	アチーブメント出版株式会社 http://www.achibook.co.jp 〒141-0031 東京都品川区西五反田2-1-22　プラネットビル5F TEL 03-5719-5503／FAX 03-5719-5513
装丁	鈴木大輔（ソウルデザイン）
本文デザイン	ISSHIKI
印刷・製本	株式会社光邦

ISBN 978-4-86643-014-0